菊地 暁 編著
KIKUCHI, AKIRA

書いてみた生活史

学生とつくる民俗学

はじめに

「もったいない」。本書『書いてみた生活史』刊行の動機はその一言につきる。

編者は大阪市立大学（現・大阪公立大学）、京都大学、龍谷大学の三大学で「民俗学」講義を担当してきた。いずれも民俗学専攻のない大学であり、受講生にとって最初で最後になるかもしれない民俗学講義で、そのエッセンスをいかに伝えていくか、毎年試行錯誤を重ねている。

そのなかで取り組み始めたのが、生活史《ライフヒストリー》レポートである。「受講生の祖父母を話者（語り手）として生活史を聞き書きする」、という課題に取り組ませているのだ。文字資料の向こうに民俗資料という新たな沃野《よくや》があることを、きわめて直接的に体感させることのできる、非常に有効な手法なのではないかと講師自身は自負している。ここに至った経緯については本書の第一講「生活史レポートの無謀と野望」（一五一頁〜）を用意しているので詳細はそちらに譲るとして、ともあれ、毎年学期末に三大学合計五百人分の生活史の採点に忙殺され、自らが課した課題を呪うこと一再ならずあるものの、そのなかから、いくつもの優れた作品に出会えることに、素直に手応えと喜びを感じているわけである。このすばらしい作品の「読者」が私一人であることはあまりに「もったいない」。本書の刊行に至ったわけだ。

本書の前半では、二〇一一年から二〇二二年にかけて提出された累計約五千本のレポートのうち、一二本を紹介する。基本的に「優秀作品選」なのだが、厳密にいえば多少のぶれがある。レポートの採点じたいは、聞き取りの適切な実施、文章の簡潔さ、等々を基準に行っているが、ここに収録されたものは、点数順に上から採っているわけではない。地域や職業などヴァリエーションを考慮し、内容的に興味深いものを優先したため、高得点のレポートでも収録されなかったものがある。また、著者や話者の掲載許可を得られなかった場合があることも付け加えておこう。

また後半では、生活史レポートの実際的な注意事項や、その学史的背景について、関連する編者の論考を収録した。一二本の生活史作品が生み出されたバックグラウンドを知る一助となろう。

そもそも、今さら言うまでもないことかもしれないが、生活史とは、本質的には話者と聞き手＝書き手の対話の記録であり、どこまでも両者が出会う「現在」に拘束されたものである。それゆえ、そこに語られる内容の史実性を問われれば、疑問なしとは言いがたいこともしばしばだ。とはいえ、それが既存の記録に記されることのなかった「もうひとつの歴史」への糸口であり、その扱い方如何によって、新たな沃野が開けることもまた事実だ。問われているのは、つねに、読者の認識力と構想力である。

本書がかけがえのない「出会いの記録」であると同時に、「もうひとつの歴史」を切り拓く豊かな「素材集」となることを切に願って止まない。

菊地　暁

もくじ

本書の「読みどころ」　9

第一話　私みたいな者と話していると、あんさん笑われるから離れてくれ　一
聞き手・書き手＝佐藤珠希
語り手＝祖父　南樺太留多加郡能登呂村林業者息子／北海道新冠町引揚／国鉄職員／札幌市在住

第二話　朝こっぱやくから起こさいで、晩《ばん》げもの、台所のいろいろの仕事して、小さぐなって居でるわけや　二一
聞き手・書き手＝佐藤遼太郎
語り手＝祖父　山形県東田川郡三川町農家息子／自動車販売業／鶴岡市在住

第三話　こんな戒名を付けられるためにこの子に名前を付けたんじゃないっ　二九
聞き手・書き手＝長谷川裕亮
語り手＝知人女性　東京都杉並区海上保安官娘／寺院坊守／京都市在住

第四話　うちももう私か次ぐらいで終わりだろうなと思って。だからアエノコトも止めた　三七
聞き手・書き手＝乙井遼平
語り手＝祖母　石川県珠洲市三崎町農家娘／市職員妻／同市若山町在住

第五話　店のことが全部終わったらな、まず家の中片付けて、旅行に行こうと思ってんねん　四五
聞き手・書き手＝三輪実起
語り手＝祖母　京都市伏見区神具店娘／保育士／鉄工所経営者妻／神具店経営者

第六話　ばあちゃんは、じいちゃんに日本一の砲手になってほしかったんやけど、じいちゃんは人間らしい生活がしたいっていうて聞かんかった　五九
聞き手・書き手＝漁野光紀
語り手＝祖父　和歌山県東牟婁郡太地町漁師息子／漁師

第七話　私は、要らん子やったんよ……母ちゃんは私を堕ろそうと必死やった　六九
聞き手・書き手＝鞘師有希（仮名）
語り手＝祖母　兵庫県朝来郡和田山町農家娘／大工妻

第八話　じいさんとキラキラしたベッピンが、七輪はさんでお肉食べよってな、小春ばあさんがその七輪蹴飛ばしたのはよう覚えとらあ　七五
聞き手・書き手＝住田崇
語り手＝祖母　北海道札幌市生まれ／岡山県津山市転居／材木屋妻／雑貨店主

第九話　ただの迷信だけど。これが実際につけてみると治ってしまって、ほんとに不思議　八七
聞き手・書き手＝島本英明
語り手＝祖母　高知県幡多郡宿毛町農家娘／銀行員妻／大阪府高槻市在住

第一〇話　あしびーがいか　やーぬーそーが　九五
聞き手・書き手＝上間誠
語り手＝父　沖縄県沖縄市農家息子／中学校美術教員

第一一話　行きなさい、このままここにいたらダメになるから　一〇三
聞き手・書き手＝松岡巧
語り手＝知人男性　台湾桃園医師息子／産婦人科医／東京近郊在住

本書の「読みどころ」

本書に収録した作品は、それぞれ、多岐にわたる魅力を備えている。まずは作品に目を通していただきたいのだが、参考として、編者が本作品を収録しようと思ったその「読みどころ」を簡潔にコメントしよう。

第一話「私みたいな者と話していると、あんさん笑われるから離れてくれ」（樺太）

かつて大日本帝国が有した植民地——台湾、樺太、満洲、朝鮮、南洋群島——には、多くの日本人が暮らしたが、その生活を記憶する一九四五年以前に物心ついた方々は、当然ながら、年々、少なくなっている。樺太に生まれた本作品の話者は、内地に引き揚げるまでロシア人と共同生活した後、引き揚げ先の北海道で住家が見つからず、アイヌの伝統家屋「チセ」に暮らすという、稀有な経験をされた人物である。

第二話「朝こっぱやくから起こさいで、晩《ばん》げもの、台所のいろいろの仕事して、小さぐなって居でるわけや」（山形県）

江戸時代、人口の八割が百姓であり、村で農を営むことこそが人生だった。やがて、近代化が進むにつれ、人々は都会に出て賃金労働者となり、高度成長期に都市人口と農村人口が逆転。本作品の話者もそうした産業構造の変化を体現する一人であり、家業である農業を離れ、モータリゼーションに活路を見出すこととなる。密造酒を摘発する税務署員の運転手を務めた話など、自動車普及過程のエピソードが興味深い。

第三話「こんな戒名を付けられるためにこの子に名前を付けたんじゃないっ」（東京都）

私たちが寺を訪れるのは、葬式、法事、墓参、観光など、何らかの特別な機会だが、逆にそのような人々を受け入れることが寺院関係者の日常となる。とりわけ、大切な肉親を喪って悲痛に沈む遺族と向き合うことは、感情労働（emotional labor）の極致だ。遺族をケアしつつも自分自身を過度に消耗させない絶妙なバランスが求められる。本作品は、そんな寺院関係者の「普通」を教えてくれる。

第四話「うちももう私か次ぐらいで終わりだろうなと思って。だからアエノコトも止めた」
（石川県）

奥能登で博士論文を書いた編者には、本作品はとりわけ感慨深い。一二月五日、農家の主人が田んぼから「田の神様」を迎え入れ、酒食と風呂で饗応する「アエノコト」は、一家の主人が主宰する行事であるために男性の視点から語られがちなのだが、本作品では、アエノコトを執り行う家に嫁いだ主婦の視点からこの行事が観察されている。さらには、珠洲原発の計画が地域を二分した様も描かれ、優れた地域現代史となっている。能登半島地震からの速やかな復興を願わずにはいられない。

第五話「店のことが全部終わったらな、まず家の中片付けて、旅行に行こうと思ってんねん」
（京都府）

伏見稲荷大社は、朱塗りの鳥居が延々と続く特徴的な景観から、京都に数ある神社仏閣の中でも飛び抜けた人気を誇っている。その門前にある神具店に生まれた本作品の話者は、幼少期のみならず結婚後も店を手伝い、移り変わる参詣客を見つめてきた。近年、海外観光客による食べ歩きが激増し、門前の雰囲気が一変したと驚いている。編者が聞いたところによると、コロナ禍が明けて観光客は戻ったが、神具店の大口顧客である稲荷講の団体参拝は依然低調なのだという。

第六話「ばあちゃんは、じいちゃんに日本一の砲手になってほしかったんやけど、じいちゃんは人間らしい生活がしたいっていうて聞かんかった」（和歌山県）

稲作が日本全国おおむね似通っているのに比べると、漁業は海流、地形、気候などにともなう魚種、漁法の多様性が著しく、「漁業」と一言でまとめるのがためらわれるほど、さまざまな働き方が存在する。本作品の話者も、幼少期の磯での貝採りにはじまり、青年期の捕鯨船砲手としての活躍、壮年期以降のＦＲＰ（繊維強化プラスチック）船による沿海漁業など、さまざまな漁法を経験し、漁業の発展に尽くしてきた人物である。「海の男」の活躍を堪能してほしい。

第七話「私は、要らん子やったんよ……母ちゃんは私を堕ろそうと必死やった」（兵庫県）

かつて結婚は、誰もが人生の通過点として経験すべき既定路線だった。それは、就業機会も社会保障も限られた伝統的社会にあって、家に帰属し、家の一員として貢献することが、人が生きるための唯一の道と思われたからだ。だが、そこには当然、ミスマッチもあれば、不慮のアクシデントもある。その「緊急避難」として「堕胎」が行われることすらあった。そうした時代がそう遠くはないことを、本作品は教えてくれる。

第八話「じいさんとキララキラしたベッピンが、七輪はさんでお肉食べよってな、小春ばぁさんがその七輪蹴飛ばしたのはよう覚えとらあ」（岡山県）

こちらも結婚や家族について考えさせられる作品。両親の駆け落ち先で生まれた話者は、父親の郷里・岡山県津山市に落ち着くが、その後も父親の遊び人っぷりが止まらず、幼い頃から男女関係の修羅場を目の当たりにすることとなる。その後も起伏に飛んだ人生を歩む話者の一代記を、話者の語り口を引用しつつ、ヴィヴィッドに描き出した秀作。編者の手元にある生活史レポートには、なぜか津山がらみの秀作が多い。

第九話「ただの迷信だけど。これが実際につけてみると治ってしまって、ほんとに不思議議」（高知県）

同様に、四国でなぜか秀作が多いのは高知県の宿毛市《すくも》。平家落人伝承が今に伝わる地にあって、さまざまな伝説や慣習に囲まれて育った話者は、強要された縁談を断るべく、逃げるように大阪に向かい、そこで生涯のパートナーを見つけることとなる。大阪で働くうちに伴侶を見つけるというライフコースは、西日本出身者（沖縄を含む）には基本パターンの一つといって過言ではない。

第一〇話「あしびーがいか　やーぬーそーが」（沖縄県）

沖縄の生活史は独特だ。沖縄戦、それに引き続くアメリカの統治、本土復帰後も続く基地問題など、本土とは異なる構造的な状況が、沖縄に暮らす人々のライフコースに否応なく影響を及ぼしているからだ。本土復帰以前に生まれた世代は、学校で方言を禁じられる、ドルで買い物をする、パスポートを持って日本へ渡る、等々を体験している。本作品の話者も、そのような沖縄現代史の不条理と対峙した一人である。

第一一話「行きなさい、このままここにいたらダメになるから」（台湾）

第二次世界大戦後、台湾は日本の植民地支配から解放されるも、大陸から渡って来た中華民国政府は、もともと台湾で暮らしてきた人々との間に深刻な対立を引き起こし、二・二八事件（一九四七年）のような流血の衝突にまで帰結した。こうしたなか、日本統治時代生まれの本作品話者は、新たな支配者からの弾圧を免れるべく、日本への密航を試みる。複雑な国家間対立が人々の暮らしに投げかける影に、慄然とさせられる。

第一二話「「可愛い子になるように」と纏足《てんそく》用の布を巻こうとして幾度となく怒鳴られたり」(中国)

「外地」に暮らした日本人は、植民地社会における支配的階層として現地に臨むこととなる。社会的上昇のチャンスを夢見て外地に渡った多くの日本人が、現地人を雇い、働かせる立場となる。本作品の話者は、幼少期、日本軍の占領下にあった中国天津に暮らすが、その家に中国人のお手伝いさんがいたのも、そのような構造的格差の一端だ。帰国後、「内地」の日本人の暮らしぶりを見た話者がカルチャーショックを受けるというエピソードは、ひるがえって日本の植民地における差別的構造を映し出している。

第一話　私みたいな者と話していると、あんさん笑われるから離れてくれ

聞き手・書き手＝佐藤珠希（二〇二〇年度）
語り手＝祖父　南樺太留多加郡能登呂村林業者息子／北海道新冠町引揚／国鉄職員／札幌市在住

私の祖父・佐藤至は昭和九（一九三四）年一一月九日、父・金蔵と母・ミイの三男として南樺太留《る》多《う》加《たか》郡能登呂《のとろ》村字雨龍《うりゅう》で生まれた。両親は福島県出身、兄姉四人は福島で生まれている。金蔵は森林伐採の現場監督で、故郷で募った人夫を引き連れ、未開の地だった雨龍の森林を伐採した。伐った丸太は谷底に流れる雨龍川に落とし、川を丸太でせき止めて水を貯め、その放流の勢いで上流から流していく。海では太く長いワイヤーで繋げて長大な筏を組み、エンジン船に曳かせて対岸にある大泊の製紙工場へと送り出す。そこでは「大泊紙」と呼ばれる紙を作っていた。伐採後に植林するため、家の近くには苗圃（木の苗を植えておく畑）があり、女性人夫も働いていた。

写真１　雨龍川での伐採作業（1936 〜 38 年頃）
右側、材木の上に座っているのが祖父・至、その上が父・金蔵、
その右が母・ミエ、母におんぶされているのが弟・勇

当時は家業の景気が良かったらしく、二つの家があり、山の家と浜の家と呼ばれていた。材木には事欠かないため、どちらも大きな家。山の家には人夫や女中たちが住んでいた。祖父の子守をしてくれた女中は一番きれいでやさしく、幼心に満足していた。残飯が出るため数匹の豚も飼っており、世話をする朝鮮人の使用人男性も一緒に住んでいた。昼には女性人夫が、夜には山から帰ってくる男性人夫が食事をしに来るため、山の中の一軒家といえども賑わっていた。

雨龍の平野部はツンドラ地帯で、夏になると氷土は溶けて、一面をフレップ（アイヌ語、和名はコケモモ）やコケが覆った。フレップの実はとても酸っぱく、漬けておいて冬にジュース代わりに飲んだ。近所のおばあちゃんたちと一緒にフレップ採りを手伝うこともあった。外地に出征した日本兵に送るのだと聞かされた。また、木の根が一面にあり、斧などの道具があれば細かく割って燃料として持ち帰ることができた。木のほとんどは落葉松だったようで、松脂（樹木から分泌される粘液。火をつけると燃え、薪とともに高級品）もとれた。

昭和一六（一九四二）年、祖父は樺太庁立雨龍国民学校に入学するため、市街地にある浜の家に移り住む。浜の家のすぐ裏はオホーツク海で、山に囲まれて暮らしていた祖父は、波の青さに慣れるまでしばらく時間がかかった。女中もいなくなった。食べ物もがらっと変わり、海の食材が多くなった。裏の波打ち際でザルを使ってイサダ（小エビ）をすくい、大きな皿に入れる。ピョンピョンはねてテーブルに散らばるイサダに醤油をかけ、生きたまま口の中へ放り込む。他にも、波が引いた後には天然の大きなホタテが一、二枚落ちていて、毎日のようにホタテのサシミを食べた。祖父はシラカイ、ホッキ、ホタテの順番で好きだった。

海の近くは漁師の子が多く、海で遊ぶことが多くなった。砂浜には岩場がひとつもなく、時々引き網をかけて、漁師以外の人たちも手伝って一斉に網を引いた。春が来て流氷が沖へ流れると、漁師は網をかけ、サクラマスを一匹ずつあいさつ代わりに近所へ配るのだった。

ニシン漁の時期になると、朝早くから大人たちはみな浜へ出て漁師の手伝いをし、夜には「ヨーシコイ」という声が聞こえてきた。子供の手伝いは「数の子落とし」と決まっていた。網の糸が見えないほど一面に産卵され、一枚の重いじゅうたんのようになった網が網干竿にかかっており、それを棒でたたき落とすのだ。

一九四一年一二月八日、祖父が一年生のとき、日米英が開戦。兄である武雄、金義は二人とも出征して中支（現在の中国の中部）へ行ってしまった。

教育も軍隊式になった。校長先生や男の先生は国防色と呼ばれる色の服を着て、刀を腰に下げていた。帽子や服装は茶色。組長になると、クラス全体に号令をかける。例えば、道路を歩くときは縦一列になり、組長は最後列。神社の前にさしかかり「歩調とれー」と号令をかけると、皆一斉にパッパパッと足を上げて歩き出す。鳥居前になると「頭右!」、全員一斉に神社に頭を向ける。神社を通り過ぎると「なおれ!」「歩調やめー!」で元通りになる。組長の命令に従わなかったら、その後ろにいる教官にビンタをくらう。

数名の日本兵が雨龍に常駐するようになった。崖の上に監視所があり、二四時間体制で見張りをした。祖父は夜明けごろ兵舎へ行き、前を竹ぼうきで掃除し、日本兵と一緒に体操してから帰宅した。登校はそのあとだ。

昭和二〇（一九四五）年になると、若い男はみな戦争へ行ってしまい、残っているのはお年寄りや女子供だけになった。子供たちはグラウンドの近くに大きな防空壕を掘った。林で壕の屋根用の長い木を伐って、肩にかついで学校まで運んだ。肩の皮がはがれて赤くなり、ぴりぴりと痛んだ。男子生徒は訓練もあった。落下傘で降りてきた敵兵を竹槍で突き殺す訓練。落ちてきた焼夷弾に濡れたムシロをかぶせ、その上に砂を盛って消す訓練。広島や長崎に原子爆弾が落とされたことも当時は知らなかった。

そして、八月一五日。玉音放送があり、日本は戦争に負け、無条件降伏した。夏休みの天気の良い日で、祖父は自分で作った竹馬を練習していた。電気もない村で、ラジオなど聞いたこともなかった。近所にある村一番の店屋さんに大人たちが集まって座り、玉音放送を聞いていた。祖父はその後ろ姿を遠くから見ていたが、なんのことなのかわからなかった。下を向いて泣いている人も見えた。あとで親から「日本は戦争に負けた」と聞いたが、単に「戦争が終わったんだ」くらいの感覚しかなかった。樺太の片田舎は敵機が一機も来なかったため、空襲の経験もなかった。

鉄道も船も来なくなり、村唯一の交通機関であるバスも走らなくなった。発動機船を持っている漁師たちはさっさと日本へ逃げてしまった。まもなくソ連兵が来るということで、村人全員、降伏を意味する白旗とソ連（ソビエト連邦）の赤旗を両手に持ち、道路の両側に並んで待った。三人のソ連兵が、へっぴり腰で自転車を押し、自動小銃の引き金に指をかけ、恐る恐るやってきた。「日本人は自分で腹を切って死ぬ野蛮人だから、何をされるかわからない」と伝えられていたらしい。

後日、近所の二、三軒でトラックをチャーターし、新品の衣服や高価なものを積んで、港のある町へ向かった。売ってお金に換えるためだ。しかし、途中でソ連兵に見つかってしまい、トラックは没収され、全員村へ帰された。祖父は何が何だかわからないまま、親のあとをついて歩いた。家に帰ると、人が入り込んだらしく、中はスッカラカンになっていた。祖父の家の財産を盗んだ者たちは、誰一人として返す気はなかった。両親も、返してほしいとは言わなかった。こうして、財産家であった祖父の家は一気に貧乏になった。「戦争に負けるということは、こんなことなのだ」と子供ながらに感じた。

きれいに空になった祖父の家は、ソ連本国から来る移住者の家になった。そこで祖父たちは、浜辺から市街地へ移動させられた。しかし、その家もソ連兵の兵舎になった。祖父たちは村はずれの六畳四部屋の小さな家に移動させられた。両親、姉、祖父、弟の五人で、家財道具もなかったため、四部屋でも十分だったという。そこには知らない日本人も数名いた。

日本人は引き揚げ命令がかかって次々に帰国した。一方、ロシア人の家族が引っ越してきて、祖父の家にも入居、たった四部屋しかない家で、ソ連の八人家族と日本の五人家族の共同生活が始まった。祖父が言うには、この共同生活が人生八五年間で一番楽しい時代だった。

このロシア人家族はバイカル湖付近から来たコルホーズ（ソ連の集団農場のこと）の団員だった。

荷物は大きめの袋一つしかなく、着の身着のまま、しかし、貧乏でも明るく人柄もよかった。特にマダム（母親）は明るい人で、実の母と話すよりもマダムと話していたほうが楽しかった。初対面の外国人とは思えないほど違和感がなかったという。一方、亭主は無口で、昼は働きに出て、夕方になると帰ってきた。仕事帰りには翌日に使う薪を束ねて肩に担いで帰宅した。子供たち六人のうち、年長者は祖父より二歳下の九歳だったが、祖父より身長が高かった。

ある日、井戸端で無口の夫が明るいマダムに怒鳴られ、棒で叩かれているところを見てしまった。日本でいう「かかあ天下」。マダムはいつも笑顔で優しかったため、信じられない一面を見てしまったと子供心に思った。

ロシア人の各家庭には茶色の小型牛一頭とヒツジ二頭が国から貸与される。それを戸別では飼わずに牛もヒツジも群れにして、牧童が長いロープをつけた棒を持ち、振り回して誘導していた。祖父もさっそくロープをつけた棒を振り回す訓練をした。

ロシア人は外の井戸で空き缶に水をくみ、口いっぱいに水を含んでうがいした。そして口の中の水を両手に吐き出し、顔を洗った。祖父は初めて見る洗顔を遠巻きに見学した。もちろん、それも真似してみた。入浴も日本人とは大きく異なっていた。防空壕の中にドラム缶を立て、火を焚いて湯を沸かした。そして、その中に入るのではなく、その湯の中にガンビ（白樺）を数本束ねてひたし、その枝葉で背中を叩いた。日本人のように石鹸を使うところは見たことがなかった。

夏には、海が時化たときに泳ぎに行った。高い波の中に頭から突っ込み、あとは波の流れに身体を任せ、ゴロゴロ波にもまれているうちに、ポッカリと浮かんでくる。また、ソ連兵の泳いでいる深いところへ行き、持ち上げて投げてもらった。「ロスケ（ロシア人の蔑称）」の子を誘うが、荒っぽい遊びをする祖父を怖がって逃げようとする。しかし、逃げると陸でいじめられるので、しぶしぶついてきた。

毎週土曜日には、小学校の体育館でダンスパーティーがあった。電気が通っていないため真っ暗闇で、音楽は兵隊の奏でるアコーディオンだけ。兵隊たちや、コルホーズの娘たちが集まって楽しんでいた。祖父やロスケの子は、一人が馬になり、もう一人がダンス中の男女を押し、馬になった子に引っかけて倒し、その場から逃げるというイタズラをしていた。あるとき、馬になっていた祖父は逃げ遅れてソ連兵に捕まった。しかし、ソ連兵はそのまま祖父を窓から雪の中へ落としただけで、日本兵のように叩いたり蹴ったりはしなかった。

ロシア人は、役場の前の大きな池が凍るとスケートをした。祖父の家にも兄たちのスケート靴があったが、使い方がわからない祖父は、スキー遊びしかしなかった。冬になると二階建ての家の屋根から雪の中に空中回転して着地する遊びをもした。自分の背丈より高く積もった雪から抜け出せなくなることもあり、数人がスコップで掘り出してくれた。

祖父の家にはなぜかバレーボールがあり、それを見つけたソ連兵が借りに来るようになった。祖父は使い方がわからなかったため、返しに来なくてもよいと思っていたが、ソ連兵たちは使い終わったら必ず返しに来た。学校の物置には硬式野球の道具が散らばっていたが、使い方がわからなかった。学芸会の劇「兎と亀」で亀の背中の甲羅に使われていたため、学芸会の用具だと思っていた。バットは鬼ヶ島の鬼が持つ棒だと思っていた。

ある日本人のおじさんが引き揚げの際、かわいがって育てていた牛をソ連の村長に引き渡した。村長一家だけでは牛乳を飲みきれないため、五〇メートルほど離れた隣に住んでいた祖父たちは、毎日一升の牛乳をもらった。家族で牛乳を飲めるのは祖父と母親だけだった。

国民学校は長い校舎に、一年生から高等科二年生までの八教室が並んでいた。しかし戦後、中央の職員室と廊下が半分に区切られ、日本人学校は一～四年生までの四教室、残りの四教室はロシア人学校となった。五年生だった祖父は中退、大人と一緒に働いた。

戦時中はよく日本兵の兵舎に遊びに行ったが、戦後はソ連兵舎へ遊びに行くようになった。祖国から離れて遠い南樺太まで来ているのは日本兵もソ連兵も同じで、子供が行くと喜んでくれた。日本兵よりソ連兵のほうがピリピリしたところがなく、友達のように気楽に遊んでくれた。

暇さえあれば紙と鉛筆を持ってロシア語を学んだ。最初に覚えたのは「ズラーステ（こんにちは）」。「ズラーステ」と声をかけると、ソ連兵はニコッと微笑んで「ズラーステ」と答えてくれた。次に、

「これは何?」と入り口の戸を指すと「ドブエーリ(ドア)」と教えてくれた。小学五年にしてルンペン(浮浪者)同然になってしまった祖父は、ロシア語を覚えるのに余念がなかった。

日本人の引き揚げは唐突に行われた。前の晩、ソ連兵が来て、「明日の朝出発」と命令する。すると、次の日の朝には日本へ引き揚げなければならなった。予告が急で、いつ、誰が、どこへ引き揚げたのか全く把握できなかった。

祖父の家族はなかなか命令が来なかった。「日本へ行くな、一緒にここで仲良く暮らそう」と多くのロシア人に声をかけてもらっていた。好かれていたのかもしれない。あるいは、嫌われていたために帰してもらえなかったのかもしれない。祖父は前者だと思っている。

昭和二三(一九四八)年一一月九日、祖父の一四歳の誕生日の夜、引き揚げ命令が来た。この村最後の引き揚げ命令で、祖父たちの後には日本人は一人も残らなかった。

祖父たちは、村長の家の前に一列に並んだ。最後であったため、ソ連の家族も大勢が見送りに訪れ、別れを惜しんで泣いていた。軍のトラックを待っていると、倉庫の中から「ウォーン、ウォーン」と牛の悲しい鳴き声が聞こえてきた。明らかに「モォー、モォー」ではない。祖父は倉庫へ走った。牛は涙をぽろぽろ流して泣いていた。「牛は事情を知っていた。牛は人間以上だ。牛に限らず、動物は言葉は話さないが、人間の言うことは全部わかっていると信じている」。

ホルムスク（旧真岡）港から引き揚げ船に乗るため、収容所で出発を待った。周りには復員する旧日本兵も大勢いた。この収容所へ来たからには日本へ行けると思っていたようだが、ソ連の考えは違っていた。旧日本兵はジャンケンをして、日本へ帰れるのは半分だけ、もう半分はシベリアへ逆戻りすることになったのだ。

シベリアへ逆戻りする日本兵から「日本へ渡ったらその旨を伝えてくれ」と紙切れを渡された。紙切れには親元の住所と名前が書かれていた。すぐにパンツの中へ隠した。紙切れ一つもスパイ行為とみなされる。乗船前の身体検査は厳重で、ポケットの中身も全部取り出し、衣服にはＤＤＴ（有機塩素系の殺虫剤）を吹き付けられた。祖父は身体検査を無事に切り抜け、引き揚げ船に向かった。

乗船後、預かった紙切れをそっと開いてみた。しかし、住所も名前も判別できない。命がけで小さい鉛筆で殴り書きしたのだろうに。結局日本へ渡ってもその日本兵の親元に連絡することはできなかった。

「このことだけが一生の「悔い」だ。あの兵隊さんが生きてシベリアから帰国されたと信じたい」。

一九四八年一一月一〇日、サハリンを出発。日本へ行くのは初めてで、不安のほうが大きかった。次兄に函館まで迎えに来てもらい、一一月三〇日夜、北海道日高支庁新冠《にいかっぷ》郡節婦《せっぷ》村字大狩部に到着した。

ところで、日高に引き揚げたのには数奇な事情があった。出征前に結婚していた長兄は、傷痍軍人となって樺太に復員、そこで終戦を迎えた。仲間とともに磯船にエンジンを付けて帰国しようとしたのだが、その際、樺太庁に勤める知人から「警察に勤める兄に自分の無事を伝えてほしい」と手紙を預かった。だが、不運にも船は嵐で難破、長兄の遺体は礼文島に打ち上げられた。その検死をしたのが、不思議なことに、長兄が預かった手紙の宛先となる人だった。ご遺体のポケットから自分宛の手紙が出てきたことに驚いた彼は、ご遺体を丁重に扱うよう指示、縁者を探し出し、長兄の妻方の親戚がいた日高に遺骨を届けた。この縁で、中支からシベリア経由で復員した次兄も日高に落ち着き、祖父たちもそこに来ることになったのだ。

さて、日高に着いたは良いが、引き揚げ住宅に当たらず、住む家がなかった。しかし、ヌイナという名前のアイヌのおばあさんが奥地にある村へ引っ越すというので、彼女の家——アイヌの伝統的な住居であるチセ——を借りて一冬過ごした。冬に来たので畑も作れなかったが、村の人々がかわるがわる助けてくれた。姉は山奥の小学校に先生として務めた。

翌春、祖父たちは付近の山から木を伐り出し、家を建てた。小川の淵の柔らかい土の上に柱を立て、それを枯草で囲む。静内のベニヤ工場の外に落ちていた古いベニヤ板をもらい、屋根を覆う。そして、家の中には枯草を山のように積み上げ、着の身着のまま、その草の中へもぐりこんだ。ここで数年、原始人のような生活をした。雪の少ない日高とはいえ、冬は海風が冷たかった。しかし、風邪もひかず、生き抜いた。

家を貸してくれたヌイナおばあさんとはもう二度と会えないと思っていたが、後に祖父が国鉄（日本国有鉄道）の職員となり、制服制帽姿で帰宅する途中、がらんと空いた客席にぽつんと一人、ヌイナおばあさんが座っているのを見つけたことがあった。急いで駆け寄り、「ヌイナおばあさん、あん時に助けてもらった者だ」と声をかけた。すると、思い出してくれたようで一瞬笑顔になったが、すぐ角巻（頭や肩からかける毛布）で顔を隠してしまった。「私みたいな者と話していると、あんさん笑われるから離れてくれ」と言って、いくら顔を出してと言っても、二度と顔を見せてくれなかった。これが最後だった。一応はお礼を述べることができたため、ホッとしたという。

新冠役場から、中学校へ登校せよとの一報が届いた。ここで初めて、新制中学ができたことを知った。国民学校の頃、旧制中学を目指していたが、敗戦によって中退せざるをえなかった。そんな祖父が、再び通学できることになった。

だが、樺太での学歴を聞かれて「小五中退だ」と正直に答えると、小学校へ行くよう指示されてしまう。祖父は怒った。「オレの都合で学校を辞めたのではない。お前ら大人が戦争して、負けて、学校をとられて、自動的に五年生以上が労働者にさせられたのだ」。大人と対等に働いてきた祖父は、校長とも一対一でやりあった。「落第は気に食わん。ヤメた」と言ったら、「もしダメだったら、もう一年中学校に残るという条件で」と校長が折れてくれた。「それでは命令通り入ってやる」。祖父は晴れて中学生となった。戦後の混乱期、子供たちはあまり学校に来ないので、半端者でも登校すれば模範生に見られた。

最初はほとんど日本語がわからず、そのうち、半分ロシア語、半分日本語をしゃべれるようになったが、仲間もなく無口な少年だった。まさに孤立無援だった。

中学三年のとき、たった一度のまぐれだが、英語でトップをとった。ロシア語の三二文字に対して英語のアルファベットは二六文字だが、横文字であることに変わりはなく、違和感はなかった。職員室前の廊下に成績優秀者として貼り出され、優秀な生徒と思われているのではないかとドキドキしたそうだ。結局、祖父は一度も落第しなかった。

欲が出て静内《しずない》公立高校へ通いたくなった。姉に相談したところ、三年間援助すると言ってもらえたので受験、そして、奇跡的に合格。おそらく定員割れで、よほどひどくなければ受かったのだろう。当時、静内高校には普通科、農業科、畜産科があり、祖父は普通科に進んだ。しかし、登校すると質問する同級生の日本語が通じなかったため、ショックが大きく、「三年間大丈夫かなぁ」とすっかり落ち込んでしまった。

祖父は貧乏で床屋へ行けず、髪は伸びたまま、身長も小人のように低かった。それが逆に演劇部の顧問の目に留まり、木下順二の戯曲『三年寝太郎』の主役にスカウトされる。演劇などやったこともなかったのがいきなり主役に抜擢されたのだから、かなりの驚きであった。

高校卒業時、祖父を含めた一二名が国鉄入社試験を受けた。一次試験は一二名全員合格。二次試験で六名落ち、三次試験で四名落ち、最終的に二名が合格、その一名が祖父だった。静内機関区配属となり、節婦から静内に通勤した。熱心に勉強し、国鉄内の学園に七回入園、そのほか、通信教育教科書で二五教科も勉強したそうだ。

昭和二九（一九五四）年三月一五日、祖父は副機関助士を拝命した。その年の八月二一日、昭和天皇と皇后は北海道庁を訪問、祖父は乗務の関係で少しだけ拝謁することができた。

静内機関区の担当は日高本線のみ、一番小型のC11型SL（蒸気機関車）が八台しかなかった。それ以上大きなSLが日高線に入ると、レールが細く危険なためだ。

追分機関区では、美唄や幾春別の石炭を室蘭港まで運んだ。そのため、D50型やD51型、9600型などの大型SLが使われた。また、客車を引っ張るときはC57型やC58型、貨物用のD51型も使われた。大型機関車が高速で走ると、大変やかましかった。

そのころ、大水害で室蘭線が不通になり、ダイヤが大混乱したことがあった。年を取った先輩は体力の限界で「アトタノム」と言い残して休憩に入ってしまった。そこで、若造の祖父は、徹夜勤務で大きな機関区を守り抜いた。静内機関区でも同じようなことをやらされていたので自信満々だったらしい。

乗務で最も難しいのはSLで、だからこそ一番面白かった。石炭を投入する缶焚《かまた》きのコツは入社一年目の見習い時、競技大会で北海道一位となり「缶焚きの神様」と呼ばれた教導者から徹底的に教わり、一度も失敗することはなかった。その実力が発揮されたのは、大雪の早朝、夕張行き一番列車に当たったとき。一番列車は無事夕張に到着したのに、続く二番、三番はいずれも運転不良で途中ストップ。一番大変なはずの一番列車だけがどうして到着できたのかと話題になり、祖父は機関士と二人でほくそ笑んだそうだ。

だが、鉄道の近代化が進むとSLは徐々に減っていった。SL乗務経験者もだんだん不要になり、祖父はとても淋しかった。SL最後の運転場所となった追分は「鉄道の町」といわれ、町全体が煙で黒く、雪もスズメも黒かった。白い服もすぐに黒くなってしまうので、祖父は常にナッパ服（乗務用の作業服）を着た。最近、追分町を通った時、SLがなくなり、とても明るくきれいな町に見えたそうだ。

昭和四四（一九六九）年、祖父は北海道最初の電車運転手として小樽―旭川間を運転した。樺太や新冠郡で電気や電車に縁のない生活を送ってきた祖父にそんな役目が回って来るというのも不思議なもの。「人生何が起こるかわからないものだ」。

北海道の雪と本州の雪は質が全然違う。本州の雪は暖気でベトベトしているため、走行中も舞い上がらないが、北海道は粉雪で吹雪のように雪が舞い、電車の床下の隙間から入り込み、故障の原

写真２　節婦駅にて、国鉄入社した頃（1953 年）

因となる。祖父は機械の扱い方を工夫することで、一度も故障させることがなかった。

田舎出身の祖父は東大卒など見たこともなく、初めて見たのが、札幌運転区に配属されたときの区長で二七歳独身の東大卒業生だった。それが昭和四五（一九七〇）年、「教導運転士」を拝命すると、毎年入社してくる一流大学卒業生（東大、京大、阪大、北大、九大、東北大、横国大、早大など）の個人指導に当たるようになった。

昭和六〇（一九八五）年、特別なことをした覚えもないが特別功労賞を賜った。受賞時、国鉄総裁に伴って皇居内「春秋の間」にて昭和天皇拝謁の栄に浴した。廊下の絨毯の毛が長く、砂浜を歩くようで歩きづらかった。「あれでは汚れた革靴だったら、ハケかブラシでふかれたようにピカピカになるんじゃないか」とのんきに語った。

退職までの最後の一〇年間は、乗務員から降ろされ、札幌の車両基地全体のことを担った。いわゆる何でも屋として国鉄の最後を見届けて、昭和六二（一九八七）年に退職。退職翌日の四月一日零時、国鉄はＪＲと名称が変わった。

退職後は、株式会社北欧、株式会社クリエイト、北海道議会議員高橋一史事務総長、手稲中学校ＰＴＡ会長、町内会長（七年間）、国勢調査員（五回）、地域安全活動推進委員などを務めた。ＰＴＡ会長と町内会長を兼務したこともあった。

会社に勤務していたある日、早朝にＪＲから「助けて！」と電話があった。急遽会社の許可をもらい、一日ＪＲに勤務した。それほど祖父は優秀な運転士として信頼されていた。

二〇一九年八月、祖父は胃癌を手術した。癌といっても軽いものだったが、このとき受験生だった私は、その話はあまり聞かされなかった。いつの間にか終わっていた、という印象だ。

現在、祖父は北海道札幌市手稲区の二階建ての一軒家に一人で暮らしている。きゅうり、パセリ、インゲン豆、トマト、ホウレンソウなどの野菜を育てており、祖父の作るきゅうりの漬物は絶品だ。「青パト」と呼ばれるパトロールカーで手稲区内の巡回もしている。道警の認可証を取り付け、上で青い回転灯を点灯させた車だ。この夏、車を手放し、運転免許も更新しないことに決めた。そのため、今は最後のお勤めだ。腰痛が悪化しているなか、徒歩で買い物をすることが最大の悩みだ。

孫の成長だけが生きがいで、中学生になってから孫が来る回数が極端に減ってしまったと悲しんでいる。京都が涼しくなったら、私の母・小百合と一緒に遊びに来る予定らしい。八五歳とかなり高齢ではあるが、せめて私の花嫁姿を見るまでは元気でいてほしいと思う。当分先の話になりそうだが。

後　記

私が大学一回生（二〇二〇年）の前期にこのレポートを書いた後、菊地先生がぜひ祖父に会いたいと北海道まで会いに行ってくださったのが記憶に残っています。実はその後すぐ祖父は体調を崩して入院し、私が大学三回生（二〇二二年）の秋に亡くなりました。コロナという時期も重なり、祖父とはほとんど顔を合わせることができなかったのが心残りです。祖父が元気だったときに書いたレポートの最後の段落を読み返しては涙が溢れます。

祖父と会う回数が減った中で、このレポートを通して私も知らなかった祖父の人生を知ることができたことはとても意義深いものでした。書籍に収録されたことを天国の祖父もきっと鼻高々に喜んでいることでしょう。

第二話　朝こっぱやくから起こさいで、晩《ばん》げもの、台所のいろいろの仕事して、小さぐなって居でるわけや

聞き手・書き手＝佐藤遼太郎（二〇一六年度）
語り手＝祖父　山形県東田川郡三川町農家息子／自動車販売業／鶴岡市在住

私の母方の祖父、小玉政美は、昭和七（一九三二）年二月一七日、七人兄弟の三男として、山形県東田川郡三川町横川に生を受けた。父は小玉家長男・文六、母は大井家次女・梅江。小玉家・大井家ともに比較的大きな農家であった。

梅江は後妻であり、長男の文雄・次男の博の二人は先妻の子だった。二人とも学校では級長を務めるなど優秀であったが、祖父は彼らとの距離を意識することもままあったという。

祖父は、母親に関する記憶はあまりないと語る一方、父親・文六についてはたくさん話を聞かせてくれた。曰く、文六は厳格で生真面目な性格で、集落でも有名なほどであった。また、文六は徴兵されて日中戦争に従軍し、最終的に伍長にまで昇進して戦争継続中に退役、帰郷した。

「ふつう、士官学校さ入ってねば、いいとこ上等兵止まりだもんだ。伍長にまでなったっていうのは、やっぱり大したもんだぜ」と話す祖父は誇らしげな様子であった。

祖父は六歳で尋常小学校に入学、その後、尋常高等小学校に進んだ。「サイタ サイタ サクラガサイタ」や「ススメ ススメ ヘイタイ ススメ」といった昔の教科書の話を、祖父は以前からよくするものであった。当時の子供たちの遊びとしては、喧嘩ゴマや、冬なら竹スケート、それに地区ごとのグループに分かれて行う戦争ごっこなどがあった。

昭和二〇（一九四五）年、祖父は一三歳（高等小学校二年）で終戦を迎えた。八月一五日、玉音放送の噂を聞き、日本は戦争に負けるらしい、天皇陛下がラジオでそれを知らせるらしい、という旨を父親に伝えたところ、「馬鹿野郎！ そんなことを言うなっ！」と物凄い剣幕で怒鳴られた。一番上の兄・文雄はシベリアで抑留に遭い、同地で亡くなった。次兄の博もソ連の捕虜となるも、彼の地で共産主義の教育を受け、「真っ赤に染まって」帰郷することとなった。家に掲げてあった天皇・皇后両陛下の写真の額を外すといい出した博に対し、文六がそれだけは許さんといって両者が揉め、集落内でも噂されるほどの騒ぎになったという。

尋常高等小学校卒業後、祖父は、家では馬の世話といった手伝いをこなす傍ら、青年学級でローマ字などの教養を学んだ。文六は祖父を庄内農業学校（現・山形県立庄内農業高校）に入学させるつもりだったが、祖父はこれを断った。農家の子でありながら、農業に就くつもりはなかったと祖父は話す。「農業嫌んだっけもの。俺の爺さん（文六の父）が婿だったあんだけどもの、朝こっぱやくから起こさいで、晩げもの、台所のいろいろの仕事して、小さぐなって居でるわけや」――息子である文六よりも委縮して暮らしている祖父の姿に、三男坊である自分の将来を垣間見、どこぞの農家の婿に入るのは御免だと判断したそうである。政美のために分家を作ってやるという話も持ち掛けられたが、分家の主人などどうせ本家の小間使いのように働かされるだけだと思い、これも断った。このように祖父は独立志向が強く、十代後半にはすでに自分の活路を模索していたようである。

一八歳になり、最初、酒田市の大浜鉄鋼所で二年間働いた。その後、二三歳の折、新聞で自動車学校の募集広告を見つけ、自動車関連の技能を身につけて職に就こうと思い立った。まず東京の立川自動車学校へ行き、自動車免許と整備士の資格を取得した。祖父にとって、「鼠ヶ関より向こう」（鼠ヶ関は鶴岡市南西、新潟との県境）へ行くのはこれがはじめてだったという。地元に戻り、長谷川モータース（現・鶴岡ダイハツ）に就職。自動車セールスの仕事を始め、鶴岡駅前で一人暮らしを始めた。当初の主力商品はオート三輪だった。当時は自動車免許を持っている人自体が少なかったため、車を売った相手から運転手として祖父自身が雇われることもあった。あるときは税務署の職員を乗せて周辺地域を回り、密造酒を摘発する「どぶろく狩り」を手伝うということも経験した。

祖母・とみ子（旧姓は児玉）との結婚は、昭和三五（一九六〇）年、二八歳の時のことである。祖父はそれまでも三、四人と見合いをしていたが、どれも話がまとまっていなかった。きっかけは、母・

梅江が良い相手がいないものかと、荒沢（旧朝日村・現鶴岡市）にいたという巫女（！）に伺いを立てに行ったことである。特に洋裁の技能を備えた娘を……という梅江の持ち掛けに対し、巫女は「それなら上京田（鶴岡市南西）にこういう人がいるから」といってとみ子の名を出したという。二人は見合いをし、一時は破談になりかかるも、仲人役の業者の半ば強引な手腕の末にめでたく結ばれた（業者と巫女とやらは恐らく結んでいたのだろう）。当初は鶴岡駅前の家にそのまま住み、後に鶴岡市双葉町に一軒家を買った。昭和三七（一九六二）年には長女・ゆう子（私の母）、四二年には次女・文緒が生まれた。四五年には長男・政人が生まれるが、四歳の折に小児がんで亡くなった。祖父は孫である私に政人の面影を重ねている節があり、酒が入るとしばしば、息子との思い出を私に語って聞かせるのだった。

入社から一〇年ほど経つと、祖父は社内随一のセールスマンになっていた。ピーク時には年間一五〇台あまりを売り上げ、山形県内のトップセールスとして、二度、本社から招かれて表彰を受けている。時には働きすぎることもあり、三九歳の折には急性肝炎で三か月ほど入院している。ただ、よく耳にするような家庭を顧みない仕事人というわけでもなかったらしく、家族との時間を大事にし、週末はそろって車で遠出することが多かった。剣道部に入った文緒に対しては、定時後、会社の敷地を使って稽古をつけることもあった。当時の父親としてはめずらしいくらい家庭サービスを怠らない人だった、とは私の母の談である。

写真　祖父、子ども３人と
酒田にて撮影

祖父は平成四（一九九二）年、六〇歳で鶴岡ダイハツを定年退職した。最終的な地位は課長だった。退職を引き留める声もあったそうだが、一つの区切りだからということで会社を離れたとのことである。しかし仕事をしていないと落ち着かなかったのか、その一年後には自動車保険の代理店業を始め、これは結局、八二歳まで続けた。保険の契約も担っていたダイハツの元同僚からは「小玉君からウチの客を取られて困る」となじられた旨を笑って話していた。一方で祖母と共に旅行へ行くことも増え、数回にわたって四国八十八箇所を巡るなどした。平成六（一九九四）年にはゆう子、一三（二〇〇一）年には文緒が結婚し、両家庭に一人ずつの孫にも恵まれた。文緒は鶴岡を離れ仙台に嫁いだため、祖父が文緒の一家と会うことは年に数回程度である。対して、私の実家は祖父母宅と近く、私の両親も共働きであるため、幼少のころからつい最近に至るまで、私は常に祖父母の世話になった。祖父はいつも私に目をかけてくれ、車でさまざまな場所に連れて行ってくれた。私は半ば祖父母に育てられたようなものであり、「ねんねんころりの唄」は私にとっては祖父の唄である。

平成二六（二〇一四）年、祖父は体を壊して入院した。日頃からの大酒が祟り、いよいよ肝機能不全を起こしたのだった。退院してからというもの、ついに外に出て仕事をしなくなったことも相まって、祖父は一気に老け込んでしまった。最近は家で座椅子にもたれて寝ていることが多くなっているようである。趣味らしい趣味を持っていればよかったのだが、と家族はこぼすが、仕事一筋に生きてきた祖父にとって今さら打ち込めるようなこともなさそうであり、この先を考えると物悲しい気持ちになる。ただ、一人暮らしの私を気遣ってかけてくれる電話口の声はまだまだ元気であり、当分は大丈夫かなと思える。医者からストップをかけられた酒も、家族から散々やめろといわれた煙草も、結局手放せなかったが、本人はすでに開き直っている様子である。祖父と晩酌を交わせる日が、今は待ち遠しい。

第三話　こんな戒名を付けられるためにこの子に名前を付けたんじゃないっ

聞き手・書き手＝長谷川裕亮（二〇二一年度）
語り手＝知人女性　東京都杉並区海上保安官娘／寺院坊守／京都市在住

私の知人にヒロ子さんという女性がいる。彼女は臨済宗のお寺の奥さんで、嫁いで今年で五〇年になる。ヒロ子さんに初めて会ったのは私が高校二年の夏、父親を亡くして通夜と告別式を行った時のことであった。これには親族のつてがあった。

「頑張ろうなんて思わなくていいですよ。あなたなりに一生懸命なら」

ヒロ子さんは別れ際にそう話してくれた。喪失感とけだるさに苛まれていた当時の私にとっては、この言葉は励みになるものであった。そんな言葉をくれたヒロ子さん自身に、これまで歩んできた人生のほんの一部についてではあるが、話を伺うことができた。

昭和二二（一九四七）年の一〇月、ヒロ子は東京都杉並区高円寺のアパートに兄三人と弟一人の五人兄弟の長女として誕生した。辺りは、有名企業の社長や大学の教授が暮らす閑静な住宅街である。ヒロ子のアパートの向かいもなかなかの豪邸で、毎朝黒塗りの大きな車が迎えに来てお手伝いさんが「行ってらっしゃいませ」と送っていたそうだ。

ヒロ子の父は海上保安庁で官庁勤めをしていた。家族と一緒に何かをするのが好きで、決して乱暴をしない家族思いの父親だった。専業主婦である母方の祖母の家は、大和時代から続く由緒正しい家柄で、天武天皇に仕えていた豪族の家である。代々、伊勢神宮などで神官などの役職を務め、現在はヒロ子のいとこがその家の五四代目を継いでいるそうだ。

ヒロ子は、父の影響もあって、普通の子どもがしないような体験をたくさんしたという。当時は、世の中がまだのんびりとしていて寛容な時代であった。海上保安庁も例外ではなく、職員の家族招待で、東京の芝浦から貸し切りの巡視船に乗って神奈川、千葉まで連れて行ってくれたという。これはヒロ子の夏休みの楽しみの一つであった。

父には二つの趣味があった。一つは野鳥観察であり、日本野鳥の会に所属するほど没頭していたそうだ。秋になると、父は五人兄弟の中で決まってヒロ子を指名し、野鳥観察に連れて行った。中央線に乗って山梨まで遠出し、茂みをかき分けて進む父のあとを、小さいヒロ子は息を切らしてついていった。幼いヒロ子には野鳥の声を聞く楽しみがわからなかったが、父に文句を言うことはなかった。おっとりとした性格で、親の言うことに「いやだ」とか「いいえ」などという口答えは一度もしたことがなかったそうだ。

小学生の頃は、自転車をもっている家はそう多くはなかった。家にも自転車はなかったが、父には「危ないから自転車には乗ってはいけませんよ」と言われていた。これにもやはり、「はい」と答え、いまだに自転車には乗れないそうだ。

父のもう一つの趣味は歌であった。野鳥観察と同じく、父は歌の会のための練習にもよくヒロ子を付き合わせた。住んでいたアパートは部屋をふすまで四つに仕切った田の字型の間取りであったが、練習をするときにはふすまを全部閉め切って、「ヒロ子ちゃん、ちょっといらっしゃい」などと言って二人きりにし、自分の前に座らせたそうだ。「五人兄弟で唯一の女の子だったから、かわいかったのでしょうね」と当時を振り返る。

家族で映画を見に行くこともあったが、はやりのチャンバラ映画などではなく、父が選ぶ文部省特選の映画を見るのが常であった。そのため、俳優の話で盛り上がる同級生の輪の中に入ることはできなかった。

小学校に入った頃から、ヒロ子はよく病気をするようになった。一年の間に二回も大きな病気にかかり、一年のほとんどを病院で過ごしたこともある。そして、病気をするたびに父の一か月分の給料を使ってしまうので、家計はいつも火の車だったそうだ。それで私学に行かせるお金はなかったが、勉強のよくできたヒロ子は東京大学の植物生理学科を受験、見事合格する。国立大学の学費は年間で九千円と今よりずっと安く、国立に行けば学費を心配することはないといわれた時代だ。ヒロ子は大学時代、家庭教師のアルバイトをして授業料を払えるだけの収入はあったが、父が学費を出してくれたので、生活に困ることはなかった。それから間もなくして、私立大学が国立との授業料の差に反発の声を上げたことをきっかけに、国立の授業料が上がっていったという。

卒業研究では、藻類が石灰化する生理学的プロセスを研究した。当時は、学生が国費で研究して何の役に立つのかと内心思っていたそうだ。しかし、卒業後二〇年ほどたった時、その研究がバイオの分野に大きく貢献したという新聞記事を偶然目にし、当時のメンバーからも喜びの電話があった。生化学・生理学が世間に注目され始めたのは、ちょうどその頃だったという。何十年もかかってやっと日の目を見るような研究もあるのだと、そのときに初めて実感したそうだ。

「政府の役人は成果の上がるところだけにお金をかけるが、一朝一夕に成果が出るような研究はない。政治家の浅はかな考え方が日本の科学技術や大学の成長を止めてしまう」と語る。

大学を卒業した年、紹介する人があって嫁ぎ先となる寺を見学しに行った。住職とは数回話しただけだったが、東京に帰ったころには嫁に行く段取りになっていたそうだ。事は流れるように進み、お寺に嫁いだのは二三という若さだった。当時のことを、子供時代からのおっとりした性格が裏目に出たと振り返る。

お寺に嫁いでから、生活は一変した。寺は檀家数が多く、平日休日問わず、多くの人がお参りに訪れる。ヒロ子はそのもてなしに追われ、檀家さん一番の生活に変化したそうだ。一男二女の三人の子どもを授かってからは子育てが加わり、さらに多忙になった。特に、盆暮れ正月には数百人の来客があるため、台所に常時三、四人はいないと間に合わなかった。そんなわけで、嫁いでから長男が成人するまで、買い物以外でお寺から出たのはたった二回、父と母が亡くなって実家に帰ったときだけだった。

子どもたちにも忙しい思いをさせてしまったらしい。多忙のため、自分がそうだったようには子どもを旅行に連れて行ってやれなかった。それどころか、朝早くに「早く起きなさい」とたたき起こして、掃除を手伝わせる日々だった。子どもが大学生になっても、お寺の手伝いがあるからと、友達と遊びに行かせることはできなかった。生まれたときからお寺の忙しさを知っていた子どもたちは、そのことに文句を言わなかったという。しかし、長男が成人したとき、楽しかった思い出をきくと、きっぱりと「何もないよ」と言われたそうだ。改めてそれを聞くと、寺に嫁いだのは正しかったのかと悩むこともあった。

お寺にいると、さまざまな人が訪ねてくる。ヒロ子の一番の仕事は、お参りに来た人に対して、年中休まずお茶をたて、お菓子をだし、じっくり話を聞くことだ。ヒロ子はこれまでに三千人以上の人をもてなし、年代、職業、考え方の異なるさまざまな人とかかわってきた。それは、ご近所同士のような単なる「お付き合い」ではない、幅の広い付き合いである。

檀家さんの死に直面することもしばしばである。その際、通夜・告別式の手はずを整えるのもヒロ子の仕事だ。普通、身近な人の死に直面することは一生の間に数えるほどしかないが、お寺では日常茶飯事となる。生まれたその日に亡くなる赤ちゃんから、百歳を超えて天寿を全うする人、自ら命を絶つ人まで、ヒロ子はいろいろな死と向き合ってきた。そのなかでも気持ちを揺さぶられたという、九歳の女の子が亡くなったときのことを語ってくれた。

その女の子は、小学校で授業を受けているときに、急に顔色を変えて、「頭痛い、頭痛いーっ」と泣きだしたそうだ。急いで病院に運ばれた。クモ膜下出血であった。しかし、診断した医師が口にしたのは「手術は明日行います」という信じがたい判断であった。そして翌朝、女の子は手術を受ける前に息を引き取ったのだ。この話を女の子の両親から聞いたとき、はらわたが煮えくり返る思いがしたという。娘につけられた戒名をみた両親は「こんな戒名を付けられるためにこの子の名前を付けたんじゃないっ」と悲しみに暮れていた。

その後も数々の死に直面するなかで、何の気なしにお寺に嫁いできてしまったことを後悔することもあったそうだ。しかし、遺族の悲しみに寄り添うことが自分を成長させ、勤めへの向き合い方や生きることに対する考え方を変えていったという。その変化を次のように振り返った。

檀家さんによって明るい話をする人もいれば、耳をふさぎたくなるような暗い話をもってくる人もいる。お寺に来てすぐのころは、檀家さんに対して少なからず好き嫌いをつけてしまっていた。しかし、お参りに来る人はあくまでも亡くなった人のことを思って来るのであって、自分に対して敵対したり悪意をもったりする気持ちはない。だからお参りに訪れた人に対して自分がどうこう思ってはいけない。そういう心は鎮めて、どんな人にでも同じようにお迎えすることを心がけるようになったということである。とはいえ、まだ年の若かったヒロ子にとって、その心がけは努力のいることであった。

人によって死んでいくさまもいろいろだという。跡継ぎの息子の経営がうまくいっていないことに腹を立て、愚痴を言いながら人相を悪くして死んでいった人もいる。一方、人の喜ぶ顔を生きがいとし、人のために尽くして満足に最期を迎えた人もいる。そうしたさまざまな死にざまを見て、自分の生き方についても考えさせられることが多くあったという。

「まず一番に思うことは、だれしも自分の運命を決めることはできないということ。百人いれば百人の生き方があって、山もあり谷もあり、谷ばっかりだった方もいらっしゃいます。しかしそれは運命が決めることであって、本人の力でどうにかなる問題ではない。だから、それにあらがおうと頑張ってもしょうがない。それでも、自分のやるべきと思うことを自分なりに考えて誠実にしていったら、死ぬときになって、『あなたはちゃんとしてきたでしょ、だからこれでいい』と思えるのです。そう思えたら、今までの悪いことは全部帳消しになって、心穏やかに死んでいけるんですよ」

これは多くの人の生きざま、死にざまを五〇年見続けてきたヒロ子が、自分なりに見出した生き方の答えである。お寺に来たことを後悔して思い詰めることも少なくなかったが、振り返ってみると、ちょっとはましな人間になれたのかな、と話していた。

令和元（二〇一九）年一一月、住職交代式が京都の日航ホテルにて行われた。そして今年の秋、ヒロ子さんは住職の交代に合わせてお寺での勤めを引退する。勤めを退いた後、どのような生活をしていきたいか尋ねたところ、これからもいろんな人と話をして、命が尽きるまで学び続けたいとのことだった。ヒロ子さんはこれまでと変わらず、最期に満足のいく生き方を模索し続けていく。

第四話　うちももう私か次ぐらいで終わりだろうなと思って。だからアエノコトも止めた

聞き手・書き手＝乙井遼平（二〇一九年度）
語り手＝祖母　石川県珠洲市三崎町農家娘／市職員妻／同市若山町在住

私は昭和一一（一九三六）年生まれで珠洲市三崎町の生まれで、ここは昔から京都と関わりがあるとか言われてたねえ。ほら、あんたの住んでいる宇治とか伏見とかそういう町名あるでしょ。戦争（太平洋戦争）は生まれてから数年で始まったと思うけど、実感できるものではなかったねえ。飛行機が飛んでいるのは見たことあるけど、空襲や警報が鳴るということはなかったと思うね。でも、ほら、あそこの仏間に飾っている写真のように、親戚の人の長男や次男みたいに多くの人が戦争に行って帰ってこなかったということはよくあったねえ。あんたのおじいさんも三男だったのに、二人も戦死して、昭和六（一九三一）年生まれだったから、ぎりぎり戦地に行かなかったから、跡取りとしてこの家を継ぐことになったみたいだね。本人は嫌だったみたいだけどね。

戦争の訓練とかは学校でしてたけど、こんなのが役に立つのって感じで、一億総玉砕だっけ、何かよくわからないけどそういうことを言われてても、敵が来ることさえも考えられなかった。戦後の玉音放送だっけ、ああいうのもまだ小さかったからか、よくわからなかったねえ。戦争っていうのはよく理解できないまま始まって、よく理解できないまま終わったって感じだったね。七尾の方では機雷が多く落とされて、第二能登丸だったけ沈没したとかで、多くの人が亡くなったことは聞いたけど、食糧難っていうのはあまり実感なかったねえ。確かに学校の校庭で芋や米を作ってたけど、野菜や米は自作していたし、不作の時もあったかもしれないけど、牛とかも育ててたし、魚もたくさん交換したりもらったりしてたから、あまり実感なかったねえ。

それよりも戦後に農地改革っていうのがあって、よくわからないけどあれは嬉しかったみたいだね。自分たちで作った米が自分たちのものになるんだもの。いざこざはあったみたいだけどね。今は作れないから、作ってもらってできたらもらってるけどね。

結婚といえば、中学校を卒業したぐらいになると、私も都会に対して憧れがあってねえ。特に三崎町の町名にあったせいか、伏見とか宇治とか京都とかに興味があって、大阪とか、西日本の方に何度か旅行したりしていたねえ。特に京都は良かったよ。当時の宇治川なんか印象的だったねえ。こんなところに出て働いて住みたいとも思ったよ。

でも、ある日ね。突然結婚が決まってねえ。若山の方の人がわざわざ山を越えて嫁に欲しいって、私は断ることもうまくできずに、というか断ることは誰の頭の中にもなかったんだろうけど、一回か二回ぐらいかな、見合いをして結婚したけど、旦那様は市役所に勤めているって聞いてたぐらいで、口数も少なくてあまり良い印象でもなかったねえ。特に義理のお義母さんが熱心な浄土真宗の信者でねえ。私も実家は同じ宗派だったけど、あの人は強烈だったねえ。

毎日のお勤めだけでなく、仏教と神道の何か集まりによく行ってたねえ。冬になったらアエノコト（奥能登で行われる、豊作祈願・収穫感謝の民俗行事）やってたでしょ。三崎では、あんまり見たことがなかったから驚いたねえ。今は保存会とか作ってるでしょ。でも、まだ結婚した時はそんな保存会もなかったけど、当たり前のように毎年やってたねえ。だから、旦那様が熱心じゃなくなった頃かな、保存会とかができたのは。私は当たり前にやっていたものが、よくわからないけど、保存するっていう、そんな風になってきたんだと思ったよ。

でも、なんとなく浄土真宗はなんでかな、あんまり好きじゃなくてね。手伝いはしたけど、私はそこまで熱心にかかわることはできなかったねえ。

その間にオリンピックとか高度経済成長とかなんかバブルっていうのもあったみたいけど、あまり実感する機会はなかったと思うねえ。あんたが生まれてからも、風呂は五右衛門風呂だったし、ボットン便所だったでしょ。さすがに覚えてないと思うけど。一五年ぐらい前だっけお風呂やトイレは最新式のものに変えたけど、クーラーとかもいらなくて、使ったことがあるのはストーブだけだったし。でも、テレビとか電話とか洗濯機とかは遅れて入ってきたと思うけど、それくらいで、オイルショックっていうのもあまり実感なかったねえ。トイレットペーパーを巡って争ってるとか聞いても別の国の話みたいだった。

あとは、そうそう三崎に、原発を作ろうっていうことはあったねえ。旦那様は役所勤めのお役人だったし、亡くなるまでずっと推進派の市長だったでしょ。だから定年で退職するまでずっと推進派のもとでやっていてね。三崎の方には帰りにくかったと思うよ。息子とか娘とか連れていっても嬉しそうなんだけど本音はどうだったやら、今になってはよくわからないけど。珠洲市は農業や漁業やってた村がいくつも集まってできた市でしょ。だから若山は賛成反対は半々だったと思うけど、三崎の方は反対派の方が多かったと思うねえ。結局、旦那様が定年退職して亡くなってから、電力会社の方から申し入れがあって、反対派のそこの芋菓子やら呉服やらやってる泉谷さん所の息子さんが、反対派の市長に担ぎ上げられて当選したけどね。その前にあった選挙不正なんて初めて見たよ。

そういえば市長はほら、今テレビで見ているような感じじゃないの。でも、ストレスやらなんやらですっかり髪も白く薄くなっちゃって。市長になった頃は若々しい青年だったのにね。一族でやってた芋菓子も最近は他の店も作り始めてるでしょ。昔は泉谷さんだけだったのに他でも作ってもらわないといけないようになったんだろうかね。

あと、次男や三男のような跡取りになれなかった人は、次第に京都とか東京に出ていったねえ。ほら、こないだ会ったでしょ。私のイトコも神奈川で車屋始めたけど、最近長男が亡くなって急に呼び戻されて戻ってきたのよね。そんなふうに長男が亡くなると帰ってくるということはよくあったけど、ほとんどの人は珠洲市から出ると、あまり帰ってくることはなかったと思うねえ。

あとは、旦那様は、ほらそこに賞状が置いてあるように、民生委員とかやってたから小泉純一郎元総理とかから表彰されたりもしてたね。

そういえば、思い出したけど、小学校の時に病気をしてねえ。そこに天理教の人がやってきてね。なんか言ってることはよくわかんないけど、なんかすごくいいこと言っている気がして、お義母さんへの反発心からかな。結婚してからすぐぐらいかな、入信しちゃった。お義母さんは浄土真宗の熱心な信者だったから、よく思っていなかったかもしれないねえ。

旦那様も浄土真宗の信者だったけど、平成に入った頃ぐらいからかな、お義母さんが亡くなってからはアエノコトもあまりやらなくなってね。なんか急にアエノコトしなきゃみたいな。一年とか二年空けて思い出したように慌ててすることはよくあったね。それ以外にも、旦那様はお義母さんが亡くなった後から天理教を急に手伝ったりし始めて、役所の人で民生委員でもあったように顔の広い人だったから、多く集まったみたいだけど、ほとんど食事会ぐらいで、誰も熱心な信者はいなかったね。誰が病気でとか、亡くなったとか話をしてお勤めをするぐらいかな。

平成八（一九九六）年ぐらいかな。あんたが生まれた翌年に旦那様は亡くなって、その人たちもいなくなってしまったねえ。でも、ほとんど食事会みたいなもんだったからねえ。しょうがないのかもしれないね。

旦那様の時の葬式はもめたねえ。周りの人は浄土真宗のやり方でやるべきだって言われて、でも私は天理教のやり方でしたかったから無理を言って押し切ってねえ。でも、私は天理教の葬式挙げたことはないし、よくわからなかったから近くから葬式のできる人を呼んでやったけど、若山ではほとんどない天理教の葬式だから、「みたまうつし」だの祓詞《はらえのことば》だの献饌《けんせん》だの玉串だのみんな見よう見まねでやってたけど、多くの人は案外いい気持ちしてなかったかもね。あの後だれもやってないからね。みんな地元の付き合いだからしてくれたのかもしれないね。

でも、終わった後に墓はどうするんだっていう話になって、うちは代々浄土真宗だから困るってのでまたもめてねえ、結局お義母さんが浄土真宗の熱心な信者だったこともあってね。お寺の人とも何とか話がついてね。葬式みたいなことしてね。で、家の外にある墓と近くの檀家寺の墓に入れてもらったねえ。旦那様が亡くなってからも大変で、私はアエノコトなんかよくわからないし、うちの唯一の息子、あんたのおじさんも、金沢大学に出て卒業後は津幡に家を置いて、こっちと行ったり来たりしてるでしょ。あんたのイトコの女の子も東京の大学だっけか新幹線ができて進学しちゃって。もう家に残ってるのは私とあんたのおばさんだけでしょ。

だから、うちもう私か次ぐらいで終わりだろうなと思って。だからアエノコトも止めた。後、あんだけ嫌だったのに負い目ってものもあるんかな。お義母さんが亡くなってから、そういう思いもあって、旦那様が亡くなる前から浄土真宗のお勤めも始めたんよ。毎日朝は天理教のお勤めしてから浄土真宗のお勤めもして、浄土真宗に頼まれて瓦の寄付もしたね。ほら、そこにお礼にもらった箱が置いてあるでしょ。

天理教のお勤めも、場所を小さくしてなんとか続けてるけど、あと何年続けられるかだね。まあ私の家はもうあんたのおじさんところぐらいしかないでしょ。子供も女の子だけだし。婿養子を取るみたいなのは今ではあり得ないだろうし。この家も私で終わりだろうね。そんなつもりで過ごしていたいもんだね。

後記

二〇二四年正月に石川県の能登半島で最大震度七を観測する大地震が発生した。祖母や帰省していた親戚は無事であったが、祖母が暮らしていた家は屋根瓦が落ち、玄関が開かなくなるなど半壊状態となった。また、庭や畑も地割れなどの被害を受け、同時に発生した停電や断水の影響も深刻であり、とても住み続けられるような状態ではなくなった。そのために祖母の強い反対もあったが、一時的に京都の市営住宅に避難することになった。しかし、本人は早く自宅に帰りたいという気持ちが強く、私の家族と親戚だけでなく、その周囲の人々の協力によって再び住むことができるように復旧作業がなされている。

第五話　店のことが全部終わったらな、まず家の中片付けて、旅行に行こうと思ってたんねん

聞き手・書き手＝三輪実起（二〇二二年度）

語り手＝祖母　京都市伏見区神具店娘／保育士／鉄工所経営者妻／神具店経営者

幸子は一九四四（昭和一九）年五月一一日、京都市伏見区の南家（南神具店）に男五人女四人兄弟の七人目（三女）として生まれた。兄弟は三歳ずつ離れている。父、四郎は一九〇三（明治三六）年生まれで、二人兄弟の弟として伏見稲荷境内にある南神具店の「母屋」を営んでいた。そこへ嫁いだ母、すえは一九〇六年生まれで辻阪石材店の五人兄弟の末っ子、一人娘であった。辻阪石材店は南神具店の向かい側にあったが、神具店には卸していなかったという。三歳ごろに「母屋」から、伏見稲荷大社門前鳥居の前にある三階建ての日本家屋（通称「三階の店」）に引っ越した。「三階の店」は「正確にはわからへんけど、明治の終わりか大正のかかり」に建てられた歴史ある建物である。「三階の店」の屋号は「南神具店南四郎」。「母屋」よりは少し小さい間取りになったものの、周

囲の家よりはずっと広く、近所の友達のたまり場になっていたらしい。もともと、「三階の店」には四郎の兄、三郎が住んでいたのだが、弟のくせに広い家に住んでいると批判され、家を交換することになった。

「生まれた家はな、三つまでやから全然覚えてへんな。台所でなんか作ってたっていうのは覚えてんねん。ほって、庭のとこに池みたいなんがあって、そこに水がよう、張ったたって、猪の皮とか熊の毛皮とかがそのあたりで乾かしてあった。それがものすご頭にあんねん」

狩猟が趣味だった四郎はよく、庭の小池に獲物の皮をつるしていたという。「三階の店」は、一階の通りに面した側が店になっており、その奥が台所とトイレと五右衛門風呂、二階・三階が居住スペースだった。三階には子ども部屋が二つ並び、男兄弟と女姉妹とで分かれて寝ていたという。裏には鳥居やお社《やしろ》（小型の神殿のこと）を作る工場《こうば》があった。昔は三人ほど大工を雇っていたが、男兄弟が大きくなってからは、ほとんど四郎と彼らで作業していたそうだ。作っていたお社は、一社一〇〇万円程度。今なら一五〇〇万円を超える。

昭和二三（一九四八）年、四歳になった幸子は、市立深草幼稚園に入園する。終戦直後の当時、幼稚園の数は少なく近所にはなかったため、三〇分以上かけて徒歩で登園した。朝八時に家を出て、友達を誘いながら幼稚園まで歩いた。準備が遅い友達だったから随分待っていたらしい。通園中は足元に注意する必要があった。

「その時分、車もバスも通ってへん。馬が走るのは時々やったけど、牛はなぁ、大八車とかで野菜やら、よう運んでた。牛がうんこするから、気いつけて歩かんとあかんかったんや」

昼ごはんには、ご飯に鰹節をはさんだお弁当を毎日持っていった。冬場、石炭ストーブの上で温めてもらったことをよく覚えている。幼稚園から帰ってくると、「三階の店」の近くにあった南神具店系列「わた屋」で四郎の妹から飴をもらうのがルーティンだった。その後、すえと、一番上の姉、豊子と一緒に「三階の店」で店番をした。豊子をお手本にして、習字の練習をしていた。半紙は高級品だったので、新聞紙に書いていたという。

六歳で市立稲荷小学校に入学。家からとても近く、一〇分休みに忘れ物を取りに走って帰ってくることもしばしばあった。登校には客が店に置いていった藁草履を使った。当時参拝客は藁草履に履き替えて稲荷大社に参るのが一般的で、幸子の店でも草履を売っていた。それを買って登ったお客さんが下山する際、「ほかしといて」と店に草履を戻すのだ。一回しか履いていない草履は新品同様に丈夫で、幸子たちは重宝していた。シャツはいつもボロボロだった。あまりに汚れてくると、和裁洋裁の得意な母すえが穴の開いた靴下のつぎあてとして再利用してくれた。新品の下着を買ってもらえるのはお正月だけ。目覚めると、枕元にシャツや靴下が置いてあり、とてもうれしかったそうだ。

幸子の一日は忙しかった。毎朝五時に起きて自分と三つ上の兄、洋進《ようしん》の弁当を作った。学校から帰ってくるとすぐに店番。段ボールはなかったので、木枠を組み立てて荷造りの手伝いもした。習字は随分うまくなり、提灯の名入れを任されるようになった。夕方、店を片付けて木製の雨戸を閉めると、ご飯を炊く。裏の工場で鳥居を作るときに出る木くずを燃料に、かまどで炊いた。洗濯板で一一人分の服を洗うのも大変だった。買い出しや家の掃除も「全部、私の仕事」。仏壇周りの軒柱はいつも乾拭きしていたため、六〇年経った今でも光沢がある。

「八百屋さんに行ったら、『幸子ちゃーん、今日は何作るんえ』って聞かれて、『茄子！』って言うたら『どんだけや？』。『かごいっぱい！』言うて、三〇個くらい買うねん。ほんで、昔は配給米やった。そんなんでは足りへんから、東藪っていうとこと相深っていう鳥羽街道の手前のとこまで歩いてお米買いに行ってん。風呂敷もって。家族が多かったら足らへんからな」

日が沈むと八時くらいまで、兄弟やその友達とかくれんぼ、つかまえ、ちゃんばらをして遊んだ。店の隣にそびえたつコンクリート造の結婚式場も当時はなく、空き地や森が残されていたので遊び場には困らなかった。家が大きいこともあり、そのまま泊まっていく人もいたらしい。三階の子供部屋で勉強机をつなげ、卓球をすることもあった。お人形遊びはしたことがない。「男みたいに育った」という。その後、一一時に床に就くまで勉強した。六歳上の兄、義生《よしお》の家庭教師として週に三、四回、京都大学の学生「おにいちゃん」が来ていた。その隣で自分も教えてもらい、勉強が好きになった。「おにいちゃん」とは家族ぐるみの付き合いで、よく一緒に遊んでくれた。

受験を経て、同志社女子中学校・高等学校へ入学したあとも、同じように勉強と家の仕事の手伝いに精を出した。しかし、幸子が中学三年か高校一年のある日、家から「机と布団以外、全部なくなった」。父、四郎が借金を返せなくなり家財一切が差し押さえられたのだ。店裏にあった工場の敷地の大部分を売ることになり、子供たちが好きだった柿やイチジクも植わっていた畑まで失った。四郎の宴会好きのツケが回ってきたのだろう。兄弟が続けて入学するため、四郎は長年、地元小学校のPTA役員を務めていた。週に二回、五、六人の先生を自宅に呼んで宴会を開いた。給仕は家族でするものの、今なら一人一万円以上の出前をとるので大変な出費である。

「お父ちゃんが食べてるグジ（京都の方言でアマダイのこと）がおいしそうやな思《おも》て、『ちょっと頂戴』って箸のばしたら『女の食うもんちゃう。女は漬物《つけもん》食っとけ』って、箸の先でバシンってしばかれた。そやのに男には偉そうに言わんとあげるねん。私は絶対、そんな男尊女卑の男の人とは結婚しんとこって思った」

差し押さえされたものの中には、姉、豊子の知り合いから譲られたピアノもあった。幸子はピアノが好きだった。小学一年から、最初は豊子に連れられて、その後は一人で、京阪電車とバスを乗り継ぎレッスンに通い、同志社大学の先生からピアノを教わった。家にピアノはなくなったが、何としても弾き続けたかったので友達の家でピアノを練習した。友達が引っ越してしまった後も、家の前のお屋敷に住む松井さん（同志社大学教授）に頼んで弾かせてもらった。しかし、家族に「お前だけ贅沢するな」と言われ、高校一年の時に弾くことをやめた。資金が尽き、高校は二年の途中で退学。同志社高等商業学校（四年制、夜間）に転入し三年間通うことになった。

本当なら音楽大学に進学したかったが、夢は潰えた。せめて毎日ピアノに触れられるように幼稚園の先生になりたいと思い、平安女学院大学保育科（二年制）に入学した。入学試験は首席だったという。体育が得意で、二回生の時には、受験生に対する体操の手本に選ばれ、「バイト代二〇〇〇円くらいもらった」。卒業後は、友人が勤めていた京都市上京区のひまわり幼稚園に就職した。「南さんの家の人なら大丈夫」と、コネと家柄で採用されたらしい。

園児や近所の人とキャンプをしたり、父兄からプレゼントをもらったりと、楽しい仕事だった。二年目に入り、結婚を考え始めた。「女の人は何年か勤めたら結婚してやめるのが普通」だったからだ。中には結婚せず勤め上げる人もいたそうだが、姉の豊子が独身のため、自分は結婚して家を出ていかなくてはならなかった。お客さんの知り合いに仲人となってもらい、七人ほどと毎週日曜日にお見合いした。一〇月のお月見に出会った二人目が、のちに夫となる三輪正之《まさゆき》。「目がきれいやった」ことが決め手となった。男尊女卑な父とは正反対の人だったらしい。担任していた年長を卒業させ、幼稚園を退職する。結婚式は店が忙しくない五月一五日に挙げた。昭和四四（一九六九）年、幸子二五歳のことである。

正之は京都市五条大宮で、島津製作所のレントゲンなどを作っていた鉄工所、三輪製作所の三男だった。正之の知り合いによれば、戦中は軍需工場で、焼夷弾を作って儲けていたそうだ。しかし当時、戦争に関わっていたことはタブー視され、「おじいちゃんから直接、その話を聞いたことはないなぁ」。新居は製作所の事務所の二階に構えた。家に風呂はなく、昭和四五（一九七〇）年に長男、健一が生まれてからは稲荷の店の風呂に連れて行った。昭和四八（一九七三）年には次男、大輔が生まれた。稲荷に帰ると、弟、了介《りょうすけ》と妹、まりこが健一や大輔を取り合って面倒を見てくれた。鉄工所に新型プレス機を導入すると、騒音が激しく近所から苦情が来たので、鉄工所を京都府の田舎町、久御山に移し、幸子家族はその隣、宇治市大久保に引っ越した。正之は毎日、大久保から久御山に通った。

昭和五五（一九八〇）年、正之が事件に巻き込まれた。車での通勤中、信号で右折待ちをしていると「何モタモタしてんねん」と後続車の運転手が扉をたたいてきた。窓を開けると鉄の棒で目を突かれ、割れた眼鏡が眼球に突き刺さった。自分で警察署まで運転し、警察から幸子に連絡があった。

「そら、びっくりしたよ。伏見の病院に救急車で運ばれたけど眼科の先生がいなかったから、府立病院に行ったんや。即、手術してくれはったんやけど、目玉は全部取らなあかんかった。右は見えるけど左はまったく見えへんくなってしまった」

健一はまりこに、大輔は豊子に面倒を見てもらい、幸子は毎日病院へ看病に行った。三週間ほど入院したのち、平安神宮の横で店を構えていた職人に、義眼を作ってもらった。片目が見えなくなった後も、正之は六〇歳まで仕事を続けた。

結婚してからも毎日のように稲荷の店を手伝ったが「一〇年くらい無給や」。給料をもらうようになったのは、昭和四九（一九七四）年に店が株式会社化した後だ。幸子は、この頃から本格的に稲荷で働き始めた。株式会社にしたのは、兄弟が成長して働く年齢になり、個人商店のままでは給与体系が面倒になったからだという。顧問税理士に勧めてもらったそうだ。初代社長は、四郎とすえの後を継いだ長兄、保生《やすお》。保生が引退したのち下の兄の義生が、平成一八（二〇〇五）年に肺気腫で亡くなるまで社長となった。続いて、平成二二（二〇一〇）年まで弟の了介（翌年食道がんで死去）が務め、幸子がその後を継いだ。また株式会社化とほぼ同時に、社用バンでのお社の納品・配達を始めた。

「バンはそのまま積むだけやから簡単やけどな、それまでは倉庫で荷造りして配達してもらってたんや。稲荷まで運んでJRの貨物列車に載せて。列車ゆうてもおばあちゃんが子供の時はポッポいうやつやで、機関車。荷造りも大変やった。お社が傷むと『験が悪い』ゆうて嫌がられる。棟《むね》と屋根と胴《どう》にばらして一個ずつ梱包するんや。そやから荷造りは一日では終わらへん」

傷がつかないように細心の注意を払い、緩衝材として木枠の中に木っ端を詰めて梱包した。分解作業は、素手では手の跡が残るので軍手をはめて行う。お社を購入してもらうときに組み立て方を

写真１　「三階の店」の店先にて
2021 年撮影

説明し、客は商品が到着した後、自分で大工を雇って組み立てる。

店では神具以外に、土産物も売っていた。初期はおかき、せんべい、八ツ橋、伏見人形（ほていさん、でんぼ）などを店先に置いた。その後、昭和六〇（一九八五）年頃から団体客が増え「必ずお土産を買って帰らはる」ようになり、生八ツ橋やキーホルダーを売り始めた。土産物は、店の外に出す陳列台の上に並べる。四台の陳列台を出し入れするのは結構な重労働だった。

それでも、一〇年ほど前までは毎年一億三千万円程度、多い時で三億円の売り上げを出しており、景気にかかわらず、店は繁盛していた。田舎のおじさんが腹巻の下から札束を出すらしい。大きな台風が来た年は、全国の鳥居が崩れるので特に忙しかったという。客である商売人は信心深い人が多く、定期的にお社などを買ってくれる得意先があった。しかし、最近は六千万～一億円まで売り上げが低迷していた。「世の中が変わってきた」。世代が変わっても得意先の社長たちは贔屓にしてくれたが、材料費や手間賃が高騰してきた。特に、お社の材木となる国産ヒノキが高くなった。

平成一〇（一九九八）年、「三階の店」の向かい側に、新しい店舗を作った。もともとは、店の前の土地とその奥の小川（祓川）一帯が松井さんの屋敷だった。ある晩、松井さんが「全部買《こ》うてくれ」と店にやってきたが、時価二億円だったので断ったらしい。更地になった後、その土地の四分の一を購入して新店舗を建て、販売面積を広げた。

ちょうどこの頃、幸子の大久保の家が火事にあう。隣の家から類焼して二階が焼け落ち、全焼。

写真２　閉店した「三階の店」　健一、幸子、筆者
2022 年撮影

子供たちの記念品や写真のほとんどが焼けてしまった。

平成二四（二〇一二）年一二月、宇治徳洲会病院に入院中の夫正之が誤嚥性肺炎で亡くなった。「正之さんは、ホンマにいい人やった」。

平成二七（二〇一五）年頃から、伏見稲荷の観光客が爆発的に増加した。SNS上で幻想的な千本鳥居が話題になり、拝観料が完全無料ということも相まって、日本の若者やインバウンドの外国人客が毎日詰め寄せるようになった。以前は「一日に観光バス一台」くらいだったが、「毎日がお正月」の賑わいである。参道には屋台が並び、派手な食べ物が売られる。食べ歩きしながら店先にやってきて何も買わない人が増え、本来の商売が成り立たなくなってきた。日本人にも外国人にも、「ここで食べんといてください」「ドンイー（Don't eat.）」と注意するのが日常となった。「コロナになって元の稲荷に戻った」という。

ここ数年、一日中の立ち仕事がつらくなってきたので、会社をたたむことを決意したものの、親族経営の会社をやめるのは簡単ではなかった。税理士や弁護士などの専門家を交えて何度も話し合いを重ね、令和四（二〇二二）年三月、閉店した。

幸子は現在七八歳。稲荷に行くことは週一回程度に減った。「四〇〇メートルやら一五〇〇メートルリレーの水泳、テレビで見てたら、寝るのがえらい遅なってしもた」と元気に語る。旅行が好きで、先週は孫（大輔の子）と一緒に有馬温泉に行ってきたそうだ。

「店のことが全部終わったらな、まず家の中片付けて、旅行に行こうと思ってんねん。コロナ終わってなあかんけどな。オランダのチューリップ畑やらきれいで。元気なうちにもういっぺん行きたいねん」

注　記

本章の固有名詞は、一部仮名表記とした。

第六話

ばあちゃんは、じいちゃんに日本一の砲手になってほしかったんやけど、じいちゃんは人間らしい生活がしたいっていうて聞かんかった

聞き手・書き手＝漁野光紀（二〇一八年度）

語り手＝祖父　和歌山県東牟妻郡太地町漁師息子／漁師

私の祖父・本橋明和は、古式捕鯨発祥の地として知られる和歌山県東牟《ひがしむ》妻《ろ》郡太地《たいじ》町に生まれ、二〇〇六年に引退するまで、海上で鯨をはじめとする獲物を追う漁師であった。彼は捕鯨船に乗って日本から遠く離れた海へと繰り出し、世界を股にかける活躍をしながら、太地町の近海漁業においても実績を残した。このレポートは、祖父自身に行った聞き取りをもとに、祖父の人生を記録するものである。

なお、祖父への聞き取りは平成三〇（二〇一八）年六月一七日、太地町太地にある祖父の自宅において、祖父の過去をよく知る祖母への補助的な聞き取りも含めて行った。

祖父は昭和九（一九三四）年八月三〇日、和歌山県東牟婁郡太地町の水ノ浦地区で、男四人女四人の八人兄弟の三男として生まれた。生家は水ノ浦地区のうち妙見町と呼ばれる太地港に面した山沿いの場所にあった。父親はやはり太地で漁業を行い、一家を養う漁師であった。エビ網やブリ敷という方式の漁をメインに行い、磯で貝や海藻の採集を行うこともあったという。子供のころの祖父は、磯で漁師としての高い素質を見せていた。磯で貝をとるのは、父よりも上手だといわれていたらしい。

しかしながら、当時の太地町の漁師は、漁業だけでは安定した収入に届かず、多くが畑を所有して作物を生産していた。本橋家も太地町の常渡《じょうと》地区に畑を持っており、子供のころの祖父も農作業を手伝ったそうだ。水ノ浦地区から常渡地区までは、現在では道路やトンネルが整備されているが、昭和初期では山を越えていくほかなく、それよりは船で海を渡るほうが早かった。祖父は常渡地区へ渡る船に、肥料（こえ）を入れた肥樽を積み込む手伝いをした。

太地尋常小学校（昭和一六〔一九四一〕年の国民学校令の公布により太地国民学校初等科に変更、現在は太地小学校）を卒業したのち、祖父は太地国民学校高等科に進学した。在学中、昭和二二（一九四七）年の学校教育法によって学校は新制の太地中学校となった。祖父ら生徒は新制太地中学校の建設を手伝ったという。

太地中学校を卒業した祖父は、学校に通う弟や妹がいて家計が厳しかったこともあり、高校へは進学せず、すぐに漁師となった。祖父が初めて乗った漁船は「若丸」という名のテント式動力船であった。テント（天渡）とは、木造小型捕鯨船の方式の一つである。このとき主に行っていたのはゴンドウクジラの追い込み漁だった。若丸で経験を積んだ祖父は、次に「太平丸」という船に乗った。太平丸は「ミンク船」、つまりミンククジラの捕獲を主な仕事とした船であり、この船で祖父は初めて捕鯨用の鉄砲を扱うことになった。太平丸は主に太地近港で漁を行ったが、ときには仙台まで遠征したこともあるそうだ。

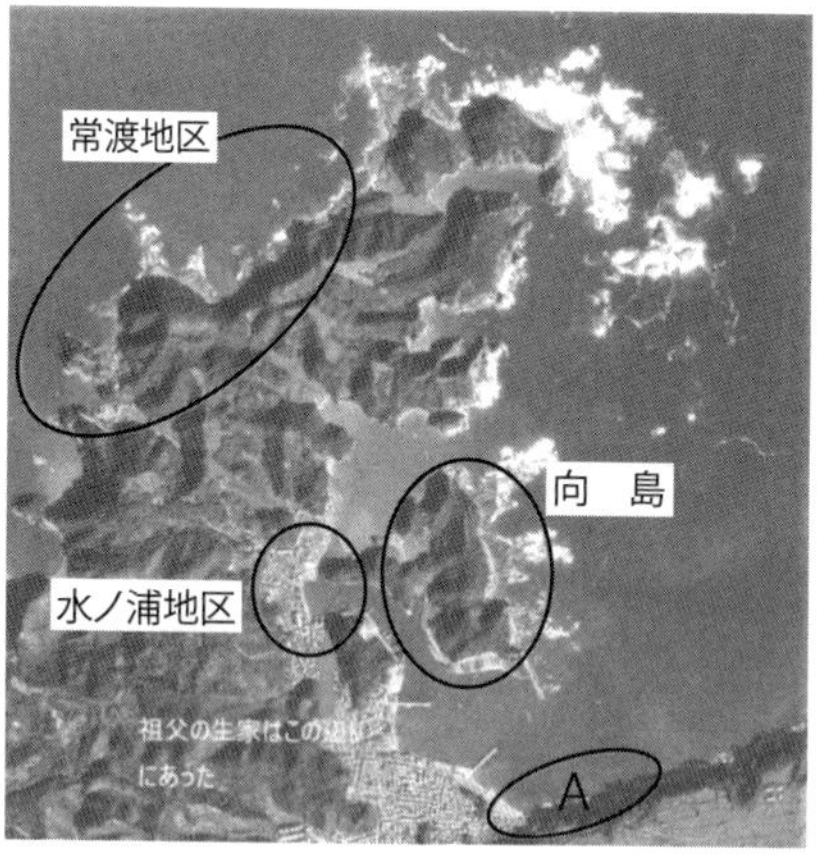

写真1　太地町航空写真
出所　国土地理院 地図・空中写真閲覧サービスをもとに作成。祖父の生家は水ノ浦地区にあった。Aは、祖父が貝を採っていた磯（現在は埋め立てられている）。

昭和三三（一九五八）年、祖父は大型の捕鯨船「京丸」に乗り込み、今度は極地に近い海洋上に長期滞在して鯨を追うことになった。昭和二三（一九四八）年の国際捕鯨取締条約の発効による捕鯨規制の強化に加え、近海での鯨資源が急激に減少したことで、そのころ、太地の小型捕鯨船を使った捕鯨は危機的な状況を迎えていた。一方、小型捕鯨船で捕鯨銃の扱いに慣れた砲手が多くいた太地の漁師には、捕鯨会社が所有し、南氷洋や北洋で操業する大型捕鯨船の砲手の担い手として注目が集まっていた（伴野準一『イルカ漁は残酷か』平凡社

新書 二〇一五)。そうして、太地から多くの男たちが大型捕鯨船に乗って、遠く離れた北洋や南氷洋へと出稼ぎに行ったのである。祖父もその一人であった。

祖父は「京丸」や「正邦丸」といった捕鯨船で、見習い砲手として活躍した。一回の出稼ぎは半年から一年に及んだ。北洋には二年続けて行ったと祖父は話してくれた。他方、私生活では、昭和三六(一九六一)年、お見合いで祖母・喜代と結婚した。祖母もまた太地出身で、太地で保育士をしていた。このとき、祖父の乗る捕鯨船の事業所は岩手県の下閉伊《しもへい》郡山田町にあり、祖母は祖父の帰りを待つために一年間ほど山田町で暮らしたという。

大型捕鯨船の乗組員となって五年が経った昭和三八(一九六三)年、祖母との間に娘(私の母にあたる)康子が生まれた。そして、この年は祖父の漁師としてのキャリアにおいても最も大きな変化が訪れた年であった。祖父は大型捕鯨船を下りる決断を下した。妻としてその決断を受け止めた祖母は、当時のことを次のように語ってくれた。

「ばあちゃんは、じいちゃんに日本一の砲手になってほしかったんやけど、じいちゃんは人間らしい生活がしたいっていうて聞かんかった」

祖母によると、当時の祖父は、若手ながら鉄砲で鯨を仕留める腕前は高く評価されており、将来有望な砲手と目されていたという。しかし、日本を離れて南氷洋や北洋という最果ての冷たい海で一年の大半を過ごす大型捕鯨船の生活は、やはり過酷であったのであろう。砲手としての功名よりも「人間らしい生活」を祖父は取ったのであった。私は祖父に対して、砲手を辞めたことには娘が生まれたことも理由としてあったのかと聞いた。しかし祖父は、「そんなわけでもないけどな」と否定した。漁師として、太地の近海で再び小型鯨類の追い込み漁をしたり、自分の船でカツオやマグロの漁をしたりしたいとも思っていたという。

翌年、祖父は自分の漁船を造った。現在は埋め立てられてしまって存在しない、水ノ浦地区にあった名高浦という海岸の名を取って、その船は「名高丸」と名付けられた。

昭和四〇（一九六五）年には、息子の隆が誕生した。数年間は名高丸で漁を行っていた祖父であったが、やがて、性能に問題を感じることになる。名高丸は当時一般的だった木造漁船で、スピードに限界があった。そこで祖父は、名高丸を新たな船に交代させ、東牟婁郡の漁船として初のＦＲＰ（繊維強化プラスチック）製漁船を導入した。それに加え、九〇馬力のディーゼルエンジンを搭載し、速度の向上を図った。祖母によると、周囲の漁師はプラスチック製漁船の耐久性に疑問を呈していたという。しかし、昭和四五（一九七〇）年、実際に二代目名高丸が操業を始めると、その速度に彼らも見る目を変え、わずか一年後には太地でのＦＲＰ船は七隻に増えたということだ。祖父が先頭となって行われた太地におけるＦＲＰ船の普及は、祖父の兄弟をはじめとする漁師らが続く形で、急速に進んだのである。このことは、銛《もり》や銃を主に使用する方法での捕鯨に取って代わられようとしていた鯨の追い込み漁を復興させ、実際に鯨の水揚げ量増加に貢献した。なお、二代目の名高丸

写真２（上）ナガスクジラ上での記念撮影
写真３（下）太地初の FRP 船となる名高丸

は、操業中に他の漁船と接触する事故があったことで、縁起を気にして「昌高丸」という名前に変更された。

船に乗って鯨やカツオ・マグロを追う漁師として活躍した祖父であったが、一方、子供時代に「父よりもうまい」といわれていた磯での貝採りの腕前も健在であった。祖父は無口で、自らの功名はそれほど多くを語らないが、祖母によると、祖父は太地で「磯の名人」としても名を知られるようになっていたようである。祖母が語った逸話はそれを強く印象づける。

「一日でアワビを四六キロも採ったことがあったんや。それでな、あくる日太地のほかの人が磯へ行ったら、もうなんにもアワビはなかったんやで」

祖母は他にも、一九歳の時に銛で大きいクエを突きとったことなど、祖父があらゆる種類の漁業で高い能力を有していたことを話してくれた。また、太地で誰もやっていなかったハマチ稚魚の漁を始め、捕れた稚魚を養殖業者に売ったという話からは、東牟婁郡で初めてだったFRP船の導入にも共通する、漁業に関する祖父の着眼点の独自性がうかがえる。

祖父は、鯨を捕ることだけではなく、鯨の命をいただく者として、神に感謝することにも熱心であった。太地の向島（水ノ浦地区の対岸にあった島、現在は陸続き）にある弁財天の管理を、太地の漁師を代表して務めていたという。この弁財天は、捕鯨の歴史を紡いできた昔からの太地の鯨捕りが、鯨を弔い鯨の命をいただくことを神に感謝する場所として、管理し受け継いできたものだ。現在は祖父の甥である本橋房憲が管理を引き継いでいる。

祖父は平成一八（二〇〇六）年、半世紀以上続けた漁師を七二歳で引退した。昌高丸は祖父が引退してからも、祖父と私の父が共同で管理し、私の父が休日に釣りに行く際に出港することも多かったが、将来的な維持管理の難しさもあり、平成二八（二〇一六）年に廃船となった。

当時、私自身も高校生で太地に住んでいたので記憶は確かだが、祖父が昌高丸のない港をベンチに座って見つめる姿を、寂しそうだと家族皆が言った。しかし、昌高丸や名高丸という漁船の名、それらに乗って祖父が成し遂げた仕事は、太地町の漁業史に未来にわたって残るほどのことである。

後　記（二〇一八年）

私がこのレポートを概ね書き上げてまもなくだった平成三〇（二〇一八）年七月八日、祖父は八三歳で亡くなった。聞き取りを行ってからわずか三週間のことであった。聞き取りを行った時点ですでに病気の診断が下っており、実際に聞き取りも祖父の体調を考慮して、できるだけ簡潔な形で時間をかけずに実施した。祖母に補助的な聞き取りを行ったのもそのためである。

祖父のライフヒストリーを書きたいという私からの提案を、このような状況においても快く承諾し、聞き取りに付き合ってくれた祖父に心より感謝する。そして、補助的な聞き取りに応じるだけではなく、祖父が活躍していたころの太地の捕鯨の様子を記述した参考文献を貸してくれた祖母、および、このレポートに事実誤認がないか確認してくれた母に感謝する。

なお、このレポートは、下書きを母が読み聞かせる形で、亡くなる二日前に祖父に届けることができた。母によると、祖父は私がレポートを完成させるのを待望していたといい、読み聞かせると顔をくしゃくしゃにして喜んでくれたという。祖父の最期を看取ることはできなかった私だが、このレポートを完成させたことで、少しでも祖父に孝行ができたのではないかと思う。このような機会を期末レポートを通して与えてくださった菊地暁先生に感謝を申し上げる。

後　記（二〇二四年）

祖父・本橋明和は聞き取り調査を行った直後の二〇一八年夏に永眠した。祖母・喜代はこのレポートが掲載された二〇一八年度のレポート選をつねに祖父の位牌の傍らに置いており、祖父の弔いに訪れる人に読んでもらっているという。レポートを読んだ人が思い出話を膨らませることも多い。ある人は、祖父が瀬戸内海へシャチの討伐に向かった話がレポートに書かれていないと指摘した。詳細は不明だが、一九五七年瀬戸内海に凶暴なシャチが現れて漁場を荒らしたため、祖父を含む太地の鯨捕りが依頼を受けて神戸に向かったという。結婚前の話であり、祖父は自らのことを多く語らなかったため、祖母や母もこの話を詳しく知らないらしい。

第七話　私は、要らん子やったんよ……母ちゃんは私を堕ろそうと必死やった

聞き手・書き手＝鞘師有希（仮名）

語り手＝祖母　兵庫県朝来郡和田山町農家娘／大工妻

「私は、要らん子やったんよ」。老女は静かに話し始めた。

彼女は、昭和七（一九三二）年、兵庫県朝来《あさご》郡和田山町に生まれた。田と山しかない、静かな土地だ。人々は、農業を営むのが当然であった。この家も例外ではなく、農業による自給自足と、母親が日雇いの土方仕事で稼いできたわずかな金で生活していた。彼女には兄と姉が一人ずつあったが、父親は異なる。彼らの父親は、彼女が生まれる二年前に病で亡くなっているからだ。男手がなくなったのを案じて、その後、近所の男を婿養子に迎えたのだが、その男との間に生まれたのが、彼女である。ただ、その男は仕事を一切しなかったため、彼女が生まれる前に家を追い出されている。したがって、彼女が生まれた時には父親がいなかった。

「私を育てる余裕なんてなかったからね。母ちゃんは私を堕ろそうと必死やった。寺の階段を飛んで飛んでしててんて。でも結局生まれてしまった。農作業を始めた五歳の頃から、母ちゃんは私を殴る蹴るやったねえ。姉ちゃんは美人やけど私はこんなやろ。それがますます嫌やったやろね」

貧しい暮らしに追い打ちをかけるように、家が火事になった。昭和一三（一九三八）年、彼女が小学校に入学する前のことだ。通行人のタバコのポイ捨てが原因である。

「たーっと走って逃げた。帰ってきたら家はなくなっとった。その後は小さい家にしばらく住んだなあ。でも住めば都やよ。慣れるもんやね」

その後、彼女は地域の小学校に入学する。

「私は、地域の中でも特に貧しかったからね。食べもんは雑炊ばっかりやし、つらいこともあった。学校に言われたものも買えんかったから、困ったもんや。でも、友達のお姉ちゃんが色紙をくれた時は嬉しかったなあ。着るもんはみんなモンペやから、そんな引け目を感じることはなかったけど、わたしはよー肥えとったからな。男の子にいじめられとったわ。遊びといえば、田植えのときに家族や近所の人らと競争したな。誰が早く一列植えられるか。私はいつもビリやった」

昭和一九（一九四四）年、唯一の男手であった兄が結核で亡くなった。

「母ちゃんは仕事から帰った後すぐに病院に看病に行っとった。病院に泊まっとったねえ。でも、兄ちゃんは死んでしもうた。あの時のつらいこととつらいこと、気持ちがぐらっときたねえ。それでも農作業はせんといかんから、えらかったねえ。お金稼ぎに、私は近所の電線の仕事をやることになった。まだ小さかったから自分で選んだわけやないよ。行きなさいと言われて、はい、と行った。姉ちゃんは勉強がようできたから、高校行きなった。そのお金は私が出したようなもんやで。まあ、姉ちゃんは税務職員になりなったから、よう稼ぎなったけどね」

彼女は一四歳の尋常高等小学校卒業と同時に就職した。就職先は、電線の製造会社である。当時の電線は、金属線に糸を巻きつけて作っていた。糸は機械によって巻きつけられるのだが、よくその糸が切れたのだそうだ。彼女の仕事は、糸が切れて止まった機械に再度糸を設定し直すことであった。

二〇歳になると、彼女は転職した。撚糸《ねんし》の仕事である。といっても、彼女の仕事は、機械に糸を補充することであった。結婚するまでその仕事を続けた。

彼女の結婚は、当時としては遅い、二九歳のときである。というのも、姉の婚期が遅れていたからだ。姉は三〇歳近くになってもまだ結婚していなかった。お見合いをしてもすぐに破談になることが続いていた。姉が家を継ぐのか自分が継ぐのかがはっきりせず、また、姉より早く結婚してはいけないない慣習があったため、彼女も結婚できなかったのだ。しかし、ある日突然、姉が結婚すると言いだし、家を継がずに嫁に行くことを宣言した。

「あの時は焦ったよ。姉がいなくても家を維持しなければならないからね。やはり男手が必要だとみんな思ってた。だからすぐに見合いが組まれた。私はそこでじいさんに出会ったんや。家族に勧められて結婚が決まったんやで。今の子には理解できんやろな」

婿養子として迎えられた男は、姉の祖母の弟の息子であった。姉の血縁者であるが、父親の異なる彼女とは血のつながりはない。男は、彼女よりひとつ年上であった。職業は大工だ。その男との間に男女ひとりずつの子が生まれた。二人の子を産んだ彼女は、三三歳の時に肌着メーカーに就職する。日曜日には外食店でウェイトレスをしていた。

「肌着を作る機械があってな。その機械につけられとる糸がなくなったら、また糸を入れる仕事や。でも、仕事なんかほとんどないから、友達とずーっと遊んどった。そんなことしとったから、課長さんが怒ってな。流れ作業のミシンに飛ばされてん。小さいミシンでどんどん縫っていく。えらかった。ようあんなしんどいことやっとったわ。思い出っていったら、社員旅行かな。大阪に行って友達と遊んだ。楽しかったわ」

経済的には、かつてより安定した暮らしであったが、夫婦仲は決して良くはなかった。男は酒癖が悪かったのである。教育を十分に受けていない彼女もコミュニケーションがうまくとれず、酔った男に暴力を振るわれることがたびたびであった。

「あの人はなんかあったらすぐ怒鳴るからね。つらいといえばつらい日々やったかな。でも、今の子みたいに離婚なんかは考えへんかった。そもそも嫌やとも思わへんかったなあ。なんでやろ」

二人の子を育てたのは、彼女自身ではなく、彼女の母であった。

「私はあの子らになんもしてやれんかった。料理をしてやるわけでもなく、遊びに行くわけでもなく、ね。でも、あの子らは立派に育ってくれた。ほんとにいい子をもって幸せやな」

二人の子が親元を離れて、彼女は肌着メーカーを退職する。退職してからの彼女は、家庭に入った。昭和六三（一九八八）年、五六歳の時である。

「まあ、それからは農作業やね。米と白菜、大根、ナス、トマト。いろいろつくったなあ。そういえば、毎日仏壇の前で神様に拝みだしたのもこの頃やったね」

孫である私が生まれたのは平成六（一九九四）年のことである。

「孫はかわいいね。節目節目で娘が孫連れて帰ってきてくれるのも嬉しかったし。そういえばあんたたちの家族には旅行に連れていってもらった。あんたは覚えてへんやろけど、沖縄に行ったことがある。そんな旅行初めてやったから、楽しいこと楽しいこと。料理もおいしくて、腹がびっくりしたわ」

彼女の母が亡くなったのは、平成一一（一九九九）年のことである。

「あの人はかわいそうな婆さんやった。毎日の食事から何から、全部やっとたからねえ。私はなんも手伝ってあげられへんかったんを後悔してんねんよ」

平成一八（二〇〇六）年、彼女の夫が亡くなった。

「あんたも覚えてると思うけど、人が死ぬときってのはあっけないねえ。癌でぽっくり、やからね。あの人とは長い間ずっと一緒やったし、なんやかんやいってもあの人のことが好きやったから、なんか、毎日ぼーっと過ごすことが多くなっとったね。私は一人暮らしになってもうたからな」

今、彼女は週三日のデイサービスに通っている。

「あっこに行ってる間は楽しいね。時間があっという間に過ぎる。逆に一人おるときの寂しいこと。やっぱり人間、一番つらいのは仲間がおらんことやな。仲間がおるから、生きていけるんや。どんな貧乏でも、楽しくな。あんたもようさん仲間をつくりや。さ、もう九時過ぎてるで。もう寝よ。あんたも夜更かしばかりしてんとたまには早よ寝ーや」

そう言うと、彼女はゆっくり寝室へと歩いて行った。

第八話　じいさんとキラキラしたベッピンが、七輪はさんでお肉食べよってな、小春ばあさんがその七輪蹴飛ばしたのはよう覚えとらあ

聞き手・書き手＝住田崇（二〇一九年度）
語り手＝祖母　北海道札幌市生まれ／岡山県津山市転居／材木屋妻／雑貨店主

異国の赤毛のような色に染められた、老いてパサパサと乾いた髪は、雰囲気によく似合う軽めのアフロに整えられ、その下の目元と額には、顔中から寄せたように深く硬いしわが集まり、その上に塗られた濃い化粧には、目元には人魚的な青緑を、唇と頬には果実の汁をたらしたような赤が差されていた。でっぷりした体に、鮮やかな色と模様のワンピース、ダイヤモンドの散らばった銀の大きな首飾り、四角いエメラルドのはまった金の指輪、そのほかいくつもの指輪や腕輪で飾られた、老いながらもたくましいその両手は、その下に敷かれた質のよい白い和紙に添えられていて、そこには、泉の色の着物が肩から落ちかけている、描きかけの天女の水彩画があった。

節子《せつこ》とその次女（僕の母、裕恵《ひろえ》）が二人で営む雑貨店の二階は、節子が大事にしているただ二つ

のもの——絵と友人たち——のために使われ、あたりには絵の道具が散らばり、小さなキッチンにはコーヒーや紅茶、茶菓子が数多くそろえられ、壁には自分たちの描いた絵を窮屈に飾っていて、多くは絵はがき、仏教をモチーフにした大きな絵、天女やその類だった。南に向いた大きな窓からは、分厚く柔らかな光が流れ込み、鳥の鳴く声だけが聴こえていて、生けられたラヴェンダーと強い加齢臭の香りがした。細かい装飾の重そうな眼鏡を外して首から下げると、どっしりした目でまっすぐにこちらを見据えた。

「さあどっからはじめる?」

青木節子は昭和四（一九二九）年一月一五日に生まれた。

「ホンマは前年の一一月だったんじゃけどな、わかりやすい成人の日にしたんじゃ、あの頃は戸籍も誕生日もどうでもよかったけんなあ、みんなそうしょうった」

津山から放浪の旅に出ていた青木清二《せいじ》と、仙台で看護婦をしていた渡辺小春《こはる》は東北で恋に落ち、札幌のどこかで節子を産んだ。しかしその後、清二は先に一人で津山へ帰ってしまい、小春は節子を抱いたままで津山へと清二を追った。

「二人にそんとき何があったんかとか」

強く首を振りながら、怒りのこもった声で彼女は言った。

「なんで札幌なんかとか、なんで小春ばあさんが一人なんかとか、そんなこと知るわけないじゃろうが、実の親にそんなこと訊くもんじゃないんじゃ」

「じいさんはもうそりゃ男前だったらしゅうてな、いきなりぽっと出てきた自由な若い男に、小春ばあさんはもう……」

清二について尋ねると彼女は言った。

「なんで放浪しょうったか？　男の放浪に理由なんかないんじゃ、男は放浪するもんなんじゃ、あんたもすぐわかるようになら」

仙台の裕福な開墾農家に生まれた小春は、甘やかされ我の強い、実際的な能力のとぼしい美しい少女だった。やがて父が死ぬと、残された母も頼りなく、まもなく彼女も後を追うように死んでしまい、すると親戚たちはその財産を好きに取り上げ、小春と幼い妹に残ったのは、絶望と困惑と、親切な親戚がかろうじて用意してくれた看護への道だけだった。

「あの頃の田舎には法律も、道理の通った決まりもなんもないんじゃ、ええ大人が集まって数の多い方が好きにやるんじゃ、きつかったって小春ばあさんもようようった（いっとった）、それを乗り越えて私を産んでくれたことを思うたらなあ……」

「小春ばあさんは東北弁でな、津山の人間とは言葉が通じんかったようったわ、じいさんは記憶にないしなあ」

節子のはっきりした記憶は、まだ幼い弟二人とともに、清二の親戚の家へ預けられていたところからはじまる。津山のはずれの裕福な邸宅にて、住み込みで看護をしていた小春は、そこで稼いだ金のほとんどを、世話になっている家と、子供たちの小遣いとにそれぞれ送ったが、家の者にはその二つの金の区別がつかなかったようだった。弟の面倒を見ながら節子は、家の仕事や農業を手伝い、そのなかで家の者たち、特に年上の一人娘にはひどく扱われた。

「そいつがイケズな女でなあ、女のいじめっていうのは口で上手う説明できんのんじゃ、でもそれがジワジワ蝕んでくるんじゃ」

太平洋戦争が始まると、節子は児島にあった軍事基地に送られ、裁縫や給食などの仕事をさせられた。

「もう何が何かわけわからんでなあ、そのときのことも、周りのこともよう覚えてないんじゃ」

戦時について詳しく尋ねると彼女は言った。

「弟らも小春ばあさんも何しょうったんかな、そうじゃその基地にな、キリッとした教官がおってな、いっつもその人のことばあ気にしょうったのはよう覚えとるわ、あはは！」

やがて戦争が終わると、いつの間にかあらわれた清二（彼は戦争には行っていない）と、帰ってきた小春とともに、そこではじめて家族での生活が始まった。

「狭い家じゃったなあ、場所も覚えてないし、いっつもお腹へっとったし、なんもなかったし、でもそんとき近所だった友達とは今も仲良うしとるんで」

清二は乾物をつめこんだリヤカーを牽きながら、それを近所に売ってまわり、小春は看護の仕事を続け、節子は学校に通った。

「イケズな女ばっかりの小っちゃな学校、全然つまらんかったし、何しとったか全然覚えてないわ」

その日乾物を売って儲けた金を、清二はよくその日のうちに使ってしまった。酒を飲み賭博をし、そんな小さな町にもちゃんとあった遊郭で遊びまわった。

「小春ばあさんは勉強じゃいうて私の手とって、よう遊郭にじいさん連れ戻しに行きょうった、じいさんも男前じゃけえモテるんじゃ、あるときなんか、じいさんとキラキラしたベッピンが、七輪はさんでお肉食べよってな、小春ばあさんがその七輪蹴り飛ばしたのはよう覚えとらあ」

一九の歳に節子は、見合いで出会った日笠榮《さかえ》と結婚した。

「小っちゃな結婚式でな、金もなかったしロクなもんも着ずに、お互いの家族が向かい合って、頭下げてそれで終わり……」

節子の嫁いだ日笠家は、彼女が新屋敷と呼ぶ、津山市小田中のあたりにあった借家の長屋で、父親はすでに亡く、榮は四人の姉をもつ、とことん甘やかされた一人息子で、そういった状況の中で節子は、姑と小姑二人と暮らすことになった。やがて節子に男の子が生まれた。

日笠家にも、その娘たちの家にも、どうしようもなく男が育たず、生まれた昭典《あきのり》は家にとって待望の男の子だった。続けて娘も生まれ、子供たちは家の女たちに可愛がられ、大切に育てられたが、昭典は七歳の時に肺炎で亡くなった。

「そっからまた女にいじめられたんじゃ。あいつらは昭典が亡くなったのがホンマに私のせいじゃ思よってな、したらだんだん私もそんな気になってくるんじゃ。お父さんはなんもできんし、味方もおらんでな。小っちゃい娘と昭典のあと追ってホンマに死のうか思うたんじゃ、それをなんとか小春ばあさんに伝えたらな、小春ばあさんは、あんたもおんなじように私の子じゃけえ死なんでくれえいうてな……」

堰を切ったように涙はあふれ、涙用ともいえそうな、きれいなシルクのハンカチに向かって節子は、しばらく静かに激しく泣いた。

「それにはもう十分泣いたけえ、涙も出ん思よったんじゃけどなあ」

榮はそのころ材木の卸売りのようなことをやっていて、市場で吟味して競り落とした生の木を、工務店などから受けた注文通りに加工し、リヤカーに載せて店や現場に運んでいた。当時の建築業界には勢いと潤いがあり、榮もたった一人で懸命に働き、やがて新屋敷から遠くない産業道路沿いに「日笠木材」を開業した。会社が安定するとその隣に家を建て、そのころには次女と次男も生まれていて、家族五人きりでの貧しくない生活が始まり、あとにした長屋には姑だけが残った。

「ええ家だったでえ。きれいな日本家屋でそこらじゅう木の匂いがして、敷地も広うて、庭も和風で立派で、木材屋いうのはええ家に住まにゃいけんのんじゃ」

「まあお父さんも立派に働いてくれようったけどな、朝早うリヤカー牽いて家出るじゃろ、日が暮れても帰ってこんのじゃ、親子そろっておんなじことしょんじゃけえ世話あないでなあ。そのうち大体どこおるか察しがついてな、今日は土曜でこの時間じゃけえ遊郭じゃろうないうて、ホンマで、まあみんなそうしょうったんじゃ、あのころの男は。退屈じゃったんじゃろうけど、でもなあ、みんなしょうったけえいうてして、ええわけじゃないんじゃ、女はみんな傷ついとったんじゃ」

日笠木材はトントンと発展し、少なくない従業員を雇い、大きなトラックを導入し、生活は理解が追いつかないほどの勢いで、それまで節子が頭に浮かべたことすらなかった裕福さへ突入した。彼女はそのあたり一帯ではじめて髪を染めた女となり、次々に海を渡ってくる洋風の流行を欠かさず試し、着物屋は京都から入荷するたびに真っ先に節子を訪ね、宝石を糧にして大きな仕事を乗り越え、上流社会との交流も生まれた。

「燃えるような髪にな、こう顔にぐるっとショール巻いて、サングラスかけてな、メタリックな銀のスポーツカーに乗って売り掛けの集金に行きょうったんじゃ。払わんのがようけえおってな、お父さんはそんなんようせんけん、そのへんがゆるうなってきたら、私が出て行ってたたいて締めよったんじゃ」

やがてハマっていた宗教がきっかけで、節子は自分でも商売をはじめる。心に重いものを抱えた人々を集め、互いに告白することで癒やし合う「神理教」の指導者が、あるとき占いによって得た啓示をもとに、ヒモのような生活をしていた信者に有田焼の商売をすすめた。その信者の男性はそれに従って始めるも、すぐに立ちゆかなくなり、すると指導者たちはうまい話で節子をのせ、彼女は男が余らせた在庫をすべて買い取ってしまった。

「それが「岡崎屋」をはじめたきっかけ、あはは！　岡崎屋っていうのは、日笠の先祖がやっとった油屋からとってな、暇しとったあんたのお母さんと始めたんじゃ。何歳だったかなあ？　計算してみ、私が二九の時にあんたのお母さんを産んで、あんたのお母さんが二二のときに始めたんじゃ、じゃけえ……五〇!?　ホンマか？　計算あっとるか？　やり方あっとるか？　うーん、ありゃあ五〇じゃあないで、これからなんじゃけえ、計算なんかなあいっつも正しいとは限らんのんじゃ」

何が起きているのか誰にもよくわからないままに、景気は膨らみ、貧乏は減り、町は商売であふれ、家庭は消費であふれた。

「私らみたいなそのへんのオバサンには、バブルが何かなんか全然わからんかった、今もようわかってないしなあ。岡崎屋も北園《きたぞの》に移って、そんときは土地が高うて北園銀座なんか呼びょうったんじゃ、仕入れた先から売れていくんじゃけん、色んなもんに手だしてな、婦人服とか焼きもんとか、化粧品とか日用雑貨とか、片っ端から売れていきょうった、ええ時代じゃったでえ……」

北園の一等地を離れ、同じく北園の三等地くらいのところにある僕の実家にくっついたかたちで、こぢんまりとやっている今の岡崎屋は、有田焼と化粧品だけを細々と扱い、商売というよりも、節子や裕恵（僕の母）が誰かを招いたり、友人たちと集まったりする場として使われている。

「で、こうなったんじゃ」

節子は険しい目で店を見渡して言った。

「なんでこうなったんかなあ、お金もあんだけあったのにもう全然残ってないし、何が何かようわからんままに転がり落ちてった感じじゃあ……」

今はもう日笠木材もなく、その隣の立派な日本家屋もなく、富裕層との繋がりもなく、節子は息子家族とともに「そこそこな」家に住んでいる。

「あとはもう話すことなんかないで、女が歳をとったあとには話すことなんかなんもないんじゃ」

首から下がった眼鏡をかけ直すと、節子は筆をとって穏やかな目で天女を見つめた。

「今はもうほら、この絵とその仲間だけが大切なんじゃ、あとはもうなんもいらん、鬱陶しいだけじゃ、でもこうやって振り返ってみたら、一番つろうて厳しかったときが一番ものがはっきり見えよった気がすらあ……」

どこで聞いていたのか、節子との話の翌日に、僕は裕恵に店の一階に呼び出された。

「おばあちゃんが岡崎屋を潰しかけたんじゃ」

吹き抜けて繋がる二階をにらみ、怒りを抑えつけた震えた声で言った。

景気が落ち込むと、それまで店が扱っていた嗜好品はぱったりと売れなくなった。裕恵はそれでもなんとか持ちこたえていた焼き物と化粧品にしぼり、あとは一切を断ち切った。しかし節子はそれを受け入れられず、店の方針について裕恵と激しく争い、譲らない裕恵を諦めると一人で勝手に動くようになった。節子は離れた客や、わずかながら残っていた顧客の家を訪ねてまわり、自分がすすめる高級品、化粧品、婦人服、食品や家具なんかを、困惑し断りにくそうな客たちに、ほとんど無理やり買わせていった。なかなか折れない客には、その場に商品を残して去り、あとで代金を請求することもあった。そしてその苦情や返品の申し出は岡崎屋に、裕恵に届き、客を失った岡崎屋はやがて土地を追い出された……。

「あんたなんか産まんかったら良かったなんて言われたこともあったわ、おばあちゃんは商売がうまくいく感じが体に染みついとって、たぶんそれをまた味わいたくてしょうがなかったんじゃないんかなあ、おばあちゃんには商売の成功が麻薬みたいなもんだったんだと思う」

そうしていると、節子を訪ねてきていたのか、たまたまその場にいた節子の友人が、僕たちに近づいて言った。

「確かにそういう子供っぽい時もたまにあるけどね」

その方は子供に恵まれず、長く夫との二人暮らしだった。

「私が日笠さん（節子）に、あなたはずっと子供に恵まれて、家に帰っても息子夫婦や孫がおって、仕事の時も娘と孫がおって、ホンマに幸せじゃなあって言ったことがあるんじゃ。そしたらな、ぽろぽろ泣きながら、私もほんまにそう思うんじゃって、ずっと気づかずにおったけど最近わかってきたんじゃって、それがどれだけ幸せなことだったか、面と向かったらうまく表現できんけど、毎日起きたときと寝る前に神様に感謝しょうるいうて……」

節子が気に入っていつも座る椅子のあたりから下がる、木の実のかたちの照明をにらみながら、裕恵は涙を含んだ膨らんだ声で言った。

「そんなん一言も言われたことないのに……」

第九話　ただの迷信だけど。これが実際につけてみると治ってしまって、ほんとに不思議

聞き手・書き手＝島本英明（二〇一五年度）
語り手＝祖母　高知県幡多郡宿毛町農家娘／銀行員妻／大阪府高槻市在住

喜代子は昭和一三（一九三八）年、高知県幡多郡宿毛町《すくも》（現在の高知県宿毛市）の農家に生まれた。喜代子の父方の祖父母、父母、兄弟七人（男四人、女三人）の一一人家族であった。喜代子は兄弟の中で上から三番目の長女。父母は農業を営んでいて、主に米などの穀物を栽培していた。また、蚕を飼って生糸を京都の織物屋に売ったりもした。

宿毛町は愛媛県と境を接し、海と山に囲まれた自然豊かな町であった。喜代子の生家は海岸のすぐ傍にあった。「小さい頃は家からそのまま裸足で海に入って遊んでいたねえ」と喜代子は言う。祖父はよく海に出て魚を捕まえて、獲った魚を家族で食べたり近所に御裾分けしたりしていた。

宿毛には古い慣習がある。それは、昔、宿毛に流れ着いた平家の落人の子孫と土着の人の子孫と

が婚姻関係を結ばないという慣習だ。喜代子の祖先は平家の落人であった。その昔、平家が源平合戦で敗走し、その一部が流れ着いたのが宿毛であった。しかし、土着の人に密告され、ほとんどの人が殺された。そして、その大量虐殺で生き残ったのが喜代子の祖先である。そういった経緯から、宿毛では平家を下《しも》、土着の人を上《かみ》と呼んで互いを区別し、下の子孫は密告されたことを恨んで上の子孫と結婚させなかった。現在は上と下は普通にお付き合いをするが、婚姻関係だけは結ばない。

また、家のすぐ近くの丘の上には、密告されて殺された平家の落人が祭られた石碑があり、オクボサンと呼ばれていた（喜代子の姓である「久保」から付けられたか）。喜代子は毎年、盆と正月にオクボサンにお参りをした。オクボサンの花立ての水を肌につけると疣《いぼ》が治るという迷信があった。

「ただの迷信だけど、これが実際につけてみると治ってしまって。ほんとに不思議」と喜代子は言う。ある日、近所が火事に見舞われた際、喜代子の実家も焼けそうになったが、火が当たるギリギリのところで風向きが変わって焼けずに済んだ。喜代子の祖母は「毎日お参りをしているからうちらを守ってくれた」と言ったそうだ。

喜代子の生家には井戸があった。「オクボサンが御身拭いをしに来る井戸だ」と喜代子の祖母は言った。古くなった実家を建て替える際も、彼女は井戸だけは取り壊させないようにした。今でもその井戸は残っている。

このように、喜代子の生家やその周辺では祖先を祭る慣習があり、それは今でも続いている。

第九話　ただの迷信だけど。これが実際につけてみると治ってしまって、ほんとに不思議

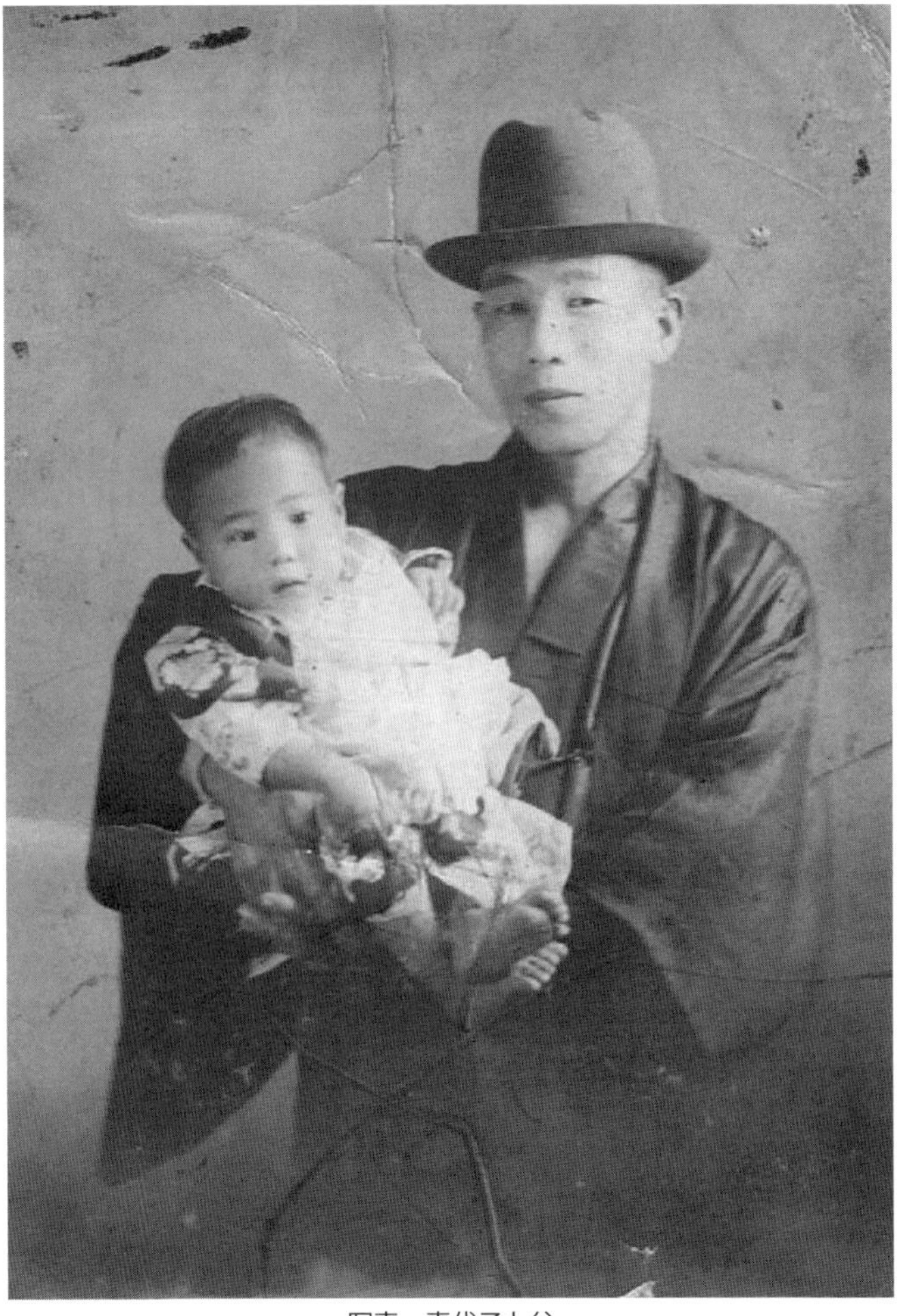

写真　喜代子と父

喜代子は肉を一切食べることができない。理由は二つある。一つ目は、喜代子が小さい頃に羽根突きに用いる羽根を友人の家までもらいに行った際のこと。友人の家では、食用として鶏を飼っていた。喜代子が羽をもらいにその家の裏に行くと、ちょうどそこで鶏の首を切り落としていたところで、首なしの鶏がしばらく動いている光景を偶然見てしまったのである。それを見た喜代子は驚いて腰を抜かしてしまい、二日ほど熱を出して寝込んでしまった。それ以来、鶏肉は絶対に食べないようになった。

二つ目は、お肉屋さんに行った時のこと。当時の店内には原形を留めた牛や豚の肉がたくさんぶら下がっていて、それを見た喜代子は気持ち悪くなり、それ以来、鶏肉だけでなく肉全般が食べられなくなった。

喜代子は長女であったため、家族に大切にされ、そのため、多少好き嫌いがあっても咎められなかった。父母は甘やかさないようにしていたが、祖父母は喜代子に甘く、こっそり好きなものを食べさせてくれた。

「小さい頃はわがままだったねえ。戦時中でも好きなものを食べさせてくれたんだから」。

物心がついた頃に太平洋戦争が始まったが、喜代子にとっての戦争はそれほど苦しいものではなかった。宿毛湾には海軍基地があり、軍艦が入港することがあった。海軍さんは休みの日にボートで宿毛に上陸し、海岸近くの民家で休憩することが多かった。海に一番近い喜代子の生家でも、蚕を飼っていた大部屋に海軍さんが休憩のために泊まったという。喜代子の生家は井戸があったため、海軍さんが行水をしていたそうだ。

子供たちは海軍さんが来ることを喜んだ。というのも、海軍さんが子供たちと遊んでくれたり、乾パンや金平糖をくれたりしたからだ。

「海軍さんも家族と離れて暮らしていたから余計に子供たちをかわいがったんだろうねえ」。

宿毛は田舎とはいえ海軍基地があったため、たびたび米軍の焼夷弾や機銃掃射を受けていて、そのせいで亡くなる人もいた。喜代子たちは米軍の飛行機が来るたびに防空壕に入っていた。しかし、それほど被害は大きくなく、その時は毎日野良仕事に出かける父母と一緒に居られることが、逆に喜代子にとっては嬉しかった。

自然豊かな宿毛では、食料は十分に足りていて自給自足の生活が成り立っていた。家が農家であったため、米を供出する必要があったが、配給はほとんどもらう必要がなかった。配給でもらったものといえば、自分たちで作ることのできない砂糖くらい。家族が一一人もいたので大量にもらえたという。

戦争ならではのことももちろんあった。例えば、米ばかりを食べずに雑穀も食べなさいというお触れが出ていたため、さつま芋や麦を入れたごはんを食べていた。学校でも白米の入った弁当を持って行ったら先生に没収されていた。喜代子は麦が嫌いだったため、薄く切った芋を白米の上にのせて白米を隠しながら食べていたという。

戦時中の教科書は藁半紙に印刷した粗雑なものだった。戦後になってやっとしっかりと製本された教科書が渡された。ランドセルは紙でできていて、雨が降ると濡れてふたが大きく曲がってしまった。

「雨の日は皆、ランドセルを濡らさないように必死だったよ」。

戦争が激しくなってきた頃、愛媛県一本松町（現在の愛媛県愛南町の東端）の親戚の家に疎開しようとして荷物を送ったが、幸い、疎開する前に終戦を迎えた。

喜代子は自由に勉強をすることができなかった。小学生の頃に戦争が終わり、新制中学に進学することができた。しかし、当時の宿毛には高校が一つしかなく、家から非常に遠かったため、下宿してまで通うことはなかった。「女の子だったから親が心配したんだろうねえ」。中学卒業後、女性としての行儀見習いのために家事や裁縫、編み物、花、お茶などを八年ほどしていた。

そんな中、ある日、村一番の金持ちの息子と結婚させられそうになった。喜代子はそれが嫌で大阪に出ることを決心した。「二番目の兄さんが近畿大学に通っていたこともあって、大阪に行こうと思ったのよ」。こうして喜代子の祖母と一緒に汽車と連絡船に乗って、一日かけて大阪に出た。

まず驚いたことは、大阪の人の多さだった。雑踏に慣れるのには時間がかかったそうだ。また、地下鉄に乗るのも怖かった。外が見えないからだ。大阪に来てからしばらくの間は、環状線などの外の風景が見える電車しか乗ることができなかったという。

喜代子は、大阪に出てきてからは四ツ橋に住む親戚のおばさんが営む銘木店と洋裁店の手伝いをした。それから、当時大阪府東大阪市に住んでいた私の祖父と結婚した。お見合い結婚であった。そして、大阪府高槻市に移住し、二人の子供（姉弟）に恵まれ、喜代子は家事や子育てに勤しんだ。娘が小学校に入るころには、子育てに手がかからなくなったので自営業を始めた。最初はタバコとパン・駄菓子を売っていたが、のちにクリーニング屋をするようになった。衛生面で保健所の管轄になったため、パン屋と駄菓子屋はやめた。

夫ははじめ、親戚が社長をしている製紙会社の運送部門に勤めていた。しかし、社長が亡くなって息子の代になるのと同時に会社を辞め、タクシー運転手を始めた。タクシー運転手も一年足らずで辞めて、今度は銀行員になった。銀行には定年まで勤め上げ、家族を養った。

娘は中学一年の頃から音大を目指し、大阪音楽大学の声楽科に合格、卒業時には成績優秀者上位一〇名までが行う卒業演奏に選ばれるまでになった。現在は、私を育てながら音楽教室の教師をしている。息子は航空専門学校に通っていたが、近視・色弱であったため挫折した。成績が優秀であったおかげで何とか飛行機の整備士になることができたが、整備士の仕事に嫌気がさして辞職した。現在、機械の点検・修理を行う会社に勤めて、整備士の技術を活かしている。

「自分は無学だったから、自分が生きた証に子供に教育をつけたくて、これまでの人生を頑張って生きてきたんよ」。

現在は、喜代子、娘夫婦、孫（私）の四人家族。喜代子には娘（私の母）が仕事に行っている間、家事などをしてもらっている。喜代子は文句を言っている。

「ぼつぼつ隠居させてほしいねえ」。

第一〇話　あしびーがいか　やーぬーそーが

聞き手・書き手＝上間誠　（二〇一三年度）
語り手＝父　沖縄県沖縄市農家息子／中学校美術教員

私の父親・上間賢一は沖縄県が日本に復帰する以前のアメリカ統治時代に生まれ、昭和四七（一九七二）年の本土復帰、その後の沖縄県時代を経験した。このような二つの時代を生きてきた父親から聞き取り調査を行った。

先祖は古くから北谷《ちゃたん》（沖縄県北谷町、現在キャンプ瑞慶覧《ずけらん》内）に居住し、農作業や琉球国時代には北谷間切（間切とは行政区画のこと）の役人を担っていたという。墓碑によれば、康熙《こうき》一一（一六七二）年から北谷の地に住んでいた。元祖は北谷地域を統括する金満按司（琉球統一以前の地方豪族）だった。そのため、現在でも定期的に元祖の本家、山川家の祭祀に参加することもある。元祖の三男が上間家として分家し現在に至る。沖縄の地方社会では名字の他に屋号（ヤーンナー）と呼ばれる名称があり現在でも使われることが多く、賢一の家は大上間（ウフイーマ）と呼ばれる。このような家に、昭和二二（一九四七）年六月二〇日、父・上間至誠と母・上間カメの間に生まれる。至誠は明治一六（一八八三）年生まれで、当時六四歳と高齢であった。

至誠は戦前、小学校の先生をしていたが明治三九（一九〇六）年にお金を稼ぐためアメリカ・ハワイへと出稼ぎ（さとうきび畑の会計事務）に行ったという。至誠には弟二人、妹一人がおり、長男である至誠が出稼ぎに行くと弟二人もハワイへと渡った。その後、至誠は長男であるという理由から沖縄に帰り、弟二人はそのままハワイに居住することになった。帰沖した至誠は不動産関係の仕事や農業に従事していたが、病気により前妻とその長男を亡くした。

そうして、一九四四年頃に至誠はカメと再婚した。沖縄戦が始まった昭和二〇（一九四五）年に長女が避難先の壕の中で生まれ、その二年後に賢一がコザの安慶田（現在の沖縄市安慶田）で生まれた。北谷の土地が接収されたため、戦後間もない時は安慶田に住んでいたという。そこでしばらく生活した後、北谷に戻ることになった。

昭和二九（一九五四）年に北谷村立北玉小学校に入学する。小学校の校舎は「蒲鉾形校舎だったよ、アメリカ基地内でよく見かける建物さ」と語った。クリスマスになるとアメリカ軍の音楽隊が演奏に来ていた。何か貰えたのではないかと聞いたが、何かを配られたという記憶はないという。小学校高学年になると、海外（ブラジルやペルー）に移住する友人が増えた。経済的に貧しかったからで

写真　祖父と父とその姉妹。1950年代。

はないかと語ってくれた。

小学校低学年の時には多くの家が密集する狭い地域に暮らしていたという。家の屋根はトタン葺きであったため、「台風が来たら雨漏りが酷く隣家に避難したことも数回あった」。妹が生まれ家族五人の生活になり、子供ながら狭い家だと感じていた。この家はとても不便だったという。水道は通っておらず、近くの井戸まで水汲みに行った。「桶が二つついて、肩にかけるもの」、つまり天秤棒のようである。小学校高学年になり、この家から現在も居住する地（北玉小学校付近）に引っ越すことになった。屋根は沖縄独特の赤瓦葺きになり、水道にガス、電気も通っていた。「小学校が近く、環境が良いから引っ越した」。この当時、妹が二人増え兄弟姉妹五人の計七人家族になっていた。利便性を考え、至誠が親戚から土地を買ったそうである。

食生活に関しては、主食は米と芋、副食は野菜類が中心だった。卵は高級品で時々食べるものであり、誕生日には卵を食紅で赤く染め食べた。また、今日の沖縄県でよく食べられる豚については、正月や旧盆に食べるもので現在のように多く食べなかったという。小学校高学年になると少し食生活も良くなり、幾分パンも食べるようになった。引っ越しをして近所に商店があったためではないかと語った。

遊びについてはチャンバラや、白比川（現在では泳ぐことのできない汚れた川）で泳ぐことが多かった。川で遊んだ際に一回だけおぼれた経験があり、小学校の先輩に助けてもらったという。他にも、友達と学校近くの畑で大根を盗み、生で食べたこともある。

昭和三五（一九六〇）年、北谷村立北谷中学校へ入学する。中学校では標準語で話すことをすすめた「標準語励行」が行われ、方言を使うと注意された。当時、家庭内や友人達との会話など多くの場面で沖縄の方言が使用されていた。友人達といると「あしびーがいか」（遊びに行こう）、「やーぬーそーが」（お前、何している）など会話のはじめに使われた。また、中学校では給食が提供されるようになった。脱脂粉乳のミルクとパンというメニューが印象強く、ミルクは熱くておいしいものではなかったという。同級生の中には砂糖を持参し、ミルクに入れる者もいた。その味について聞いたが、どのような味だったか表現できないという。

そうした中学校生活も終わり昭和三八（一九六三）年、琉球政府立普天間高校商業科（商業科、現在は廃止）へ入学した。高校名より把握できるように、沖縄は米国統治下にあり、琉球列島米国民政府の監督下に住民自治機関である琉球政府が存在した。日本へ復帰するのは、もう少し後になる。話は戻り、商業科を選んだ理由として、将来は銀行で働きたい、商売がしたいと考えていたからだという。主に授業では英語のタイプライターを打つことや簿記、珠算を行った。日本語のタイプではなく、英語でタイプを打つことも時代を反映しているだろう。

高校に入り、遊び方も変化していった。海に行き魚釣りをしたり、友人に誘われビリヤードをしたりすることもあった。ビリヤード場が高校の近くにあった。また、高校生活の思い出として「山田真山《しんざん》」の話を語ってくれた。山田真山は沖縄の芸術家であり、沖縄平和祈念堂（糸満市）の平和祈念像を制作した人物である。当時、山田真山は普天間高校近くの工房でその像を造っており、父は何回も足を運んだという。その像の大きさに驚くとともに感銘を受けた。

中学校から高校まで美術部に入っていた。小学生のころから絵を描くことが好きで地元のコンテストでもよく入賞したという。美術部では主に石膏像のデッサンを行っていた。幼い頃から、美術に興味を持っていた賢一は、高校三年生の時に進路について悩んだ。「自分がしたいことと違う、絵を描きたい」と考え、芸術学部のある大学へと進学を希望した。

しかし、英語が不得意で、浪人し本島北部の名護英語学校（現在の名護市にあった）へ通うことになった。そこで七か月間学んだ後、大学受験に臨んだ。大学はいくつか迷ったが、県内でも受けられるという理由から福岡県の九州産業大学を受けた。この受験は両親には秘密であり、費用も姉から借りたという。その後合格通知が実家に届き、受験したことが発覚する。この時、父・至誠から「大学への進学は認めるが、教員免許の取得が条件」と言われたそうだ。

昭和四二（一九六七）年、九州産業大学芸術学部へ入学した。当時は日本本土に渡航する際に、パスポートが必要な時代であった。「琉球住民」として日本への渡航を認められたパスポートを持って本土へと渡った。このようなことから、同級生から「留学生」と言われたそうだ。また「沖縄はどこにあるの？」「アメリカに近いの？」「英語は喋れるのか？」など、よく聞かれた。まだよく知られていない沖縄からの学生という物珍しさから、このような質問を受けたのだろう。

大学時代は福岡市香椎にある寮（後に下宿）に住んでいた。食事は外食することが多く、お金がないため、知り合いのお店に行き「つけ」で食べた。朝食は授業内容と関係して、食パンを食べていたという。木炭デッサンを行う際には食パンを消しゴムとして利用するらしい。食パンは消しゴムにもなり、食べることもできる便利な食べ物であった。

大学時代には学生運動もあったが、そこまで影響を受けることもなく無事卒業した。昭和四六（一九七二）年、沖縄に帰省し旧石川市立石川中学校の美術教師となった。父・至誠に言われた条件通り教員免許を取得し、その道に進んだ。当時は祖国復帰運動が盛んだったらしく、教師という立場であったがさまざまな運動に参加したそうだ。復帰運動では「沖縄を返せ」を歌いながら運動した。また、授業を停止してストライキにも行ったことがあるという。

そうして、翌年の昭和四七（一九七二）年五月十五日、沖縄の施政権が日本国へと返還され、環境も変化していった。日本へ復帰し、以前より教員の給料も上がり、待遇もよくなった。また、それまで使われていた通貨、米国ドルが日本円へと変わり、昭和五三（一九七八）年には自動車の交通ルールが左側通行になった。賢一も困惑したそうだ。運転中に誤って反対車線に入ってしまい、危ない経験をしたという。さまざまな変更があったものの「日本に復帰して良かった」と語った。

その後、賢一は具志川市（現在のうるま市、あげな中学校）、沖縄市（安慶田中学校、山内中学校、美東中学校、沖縄東中学校）、宜野湾市（真志喜中学校）、那覇市（城北中学校）へと赴任し三十一年間の教員生活を送った。その間に、新たに家を建て直し、私の母親（節子）と結婚、五人の子供をもうけ育てあげた。末っ子である私が大学へ進学し、現在は絵を描くなど充実した生活を送っている。

第一一話　行きなさい、このままここにいたらダメになるから

聞き手・書き手＝松岡巧（二〇一八年度）

語り手＝知人男性　台湾桃園医師息子／産婦人科医／東京近郊在住

そのおじいさんは、一九三二年、日本統治時代の台湾桃園《とうえん》で生まれた。彼の祖先は清の時代に中国大陸からやってきた「本省人」である。父方の家族は彰化の員林で果樹園栽培を行う地主であり、母方は淡水で樟脳を売る貿易商をやっていた。彼の父は台北（彼は「たいほく」と呼ぶ）医専、当時の言葉で總督府醫學専門學校を出た内科医であり、桃園で開業していた。母は台北第三高等女学校を卒業、彼らはお見合いで結ばれた。

彼は四人兄弟の二番目であり、上に兄、下に妹と弟がいた。当時としてはかなり裕福な家庭で育った。家には乳母、料理人、そして運転手がいた。

桃園の幼稚園を出た彼は、小学三年まで桃園の小学校で過ごし、小学四年から台北の小学校で過

写真　台湾神社にて。前列一番左が話者。1940 年頃。

ごした。これは筆者の想像であるが、当時から台北の小学校は日本人の多いエリート小学校であったので、彼の両親はここに転校させたのだろう。

「当時僕は人力車で通ってたんだ。周りはみんな裸足で歩きさ」と彼はいう。周りの日本人はサラリーマン家庭ばかりで、彼らよりも彼の家は裕福だった。

話は前後して一九三七年頃、日中戦争の開戦に伴って日本政府は皇民化運動を開始する。一九四〇年、台湾では改姓名運動が起きた。彼の名前は中国風の名前から日本風の名前となった。物心ついたとき、彼の名字はすでに日本風だったのである。

自分は何人だと思っていたか。筆者は彼に尋ねた。「当然日本人だ」といった。「でも台湾人だとも思っていた。そこの区別は当時もはっきり意識していた」ともいった。

彼は差別らしい差別を受けたことがない。ごく普通に何不自由なく生活していた。彼より二つ歳上の親戚は、差別を受けたという。当時の成長度合いの差と、生きていた環境の違いだろう、と彼は考えている。

太平洋戦争が始まると、彼は台北から桃園の自宅に「疎開」した。戦争末期には空襲が激しくなった。小学校にはほとんど行かなかった。「人生で一番怖い思い出」としてこういった。

「桃園に疎開してある日の空襲はねぇ、お兄さんと魚釣りに行ってた。たまたまそれが飛行場のそばでねぇ、アメリカのB-25が低空射撃してきた。パイロットの顔が見えるくらい近くでね。ババババババーっと撃つわけだね。あわててヤブの中に逃げ込んだわけ。これはもう撃たれたなぁと思ったけど。それがまぁ一番怖い思い出だね。飛行場の飛行機を撃ったついでに、弾落としていったらしいんだよね。連中はもう弾撃ったら爆弾落として、軽くして帰らないといけないからね。パイロットは笑ってたような気がするけどね」

一九四五年四月、彼は中学受験をして台北一中に入学した。一歳上の兄は、少年兵として七月に招集された。「すぐ戦争終わっちゃったからね、唯一の仕事は倉庫番だったらしいよ。木で作られた銃もたされてね」と彼は笑いながらいう。かくいう彼も、もう少しで少年特別飛行兵に志願するところであった。

　そして、終戦である。

「当時は特別放送ってのがラジオで流れてね、玉音放送。放送聞いたけど何が何だかわからなかった。ザーザー雑音が多くてね。二時頃になってね、これは桃園の話ね。どうも戦争が終わったらしいぞってね。それで周りで様子がおかしいぞって。そしたら定期的に来る空襲がぱったり来なくなった。その夜から電気は赤々とつけていいと。そのころはなんだかよく意味がわからなかったけど、ただ空襲が来ないっていうのは嬉しかったねぇ。それ以上のことはわからなかった」

　次の言葉は終戦直後の話である。

「終戦間もなくね、学校帰りに見たら総督府がガラガラしてるわけ。戦争でやられてたしね。んで、友達と、ひょっとしたらトーマス（台湾人の友だち）と一緒だったかもしれない。んで『入ってみよう』ってなって、誰もいないわけ。それで一番上まで螺旋階段登っていったわけだよ。本当に誰もいなかったんだ。全くの冒険心だよ。面白いから入ってみようってなってね」

　しばらくすると、学校に復学するよう呼び出しがかかった。日本人の先生はみんなおどおどして、うなだれていたという。戦後に中国大陸から来た人（「外省人」）が、わけのわからない言葉で喋っていた。そのうちに日本人の生徒はどんどんといなくなり、日本人の教員も一年ほどでいなくなった。

日本人の生徒がほとんどであった彼の中学は、急遽生徒を確保しなくてはならなくなった。そこで台北三中や四中を台北一中に統合し、外省人の生徒も加えて、建国中学と名称を変えた。運営主体は外省人であり、授業も段々と中国語になっていった。

「テストで日本語書くと点数が七割にされたりね。そのうちにほとんどが外省人の先生になった。台湾人の先生はいたけどね。それで一年か二年で日本語禁止になった。日本語は一切使うなってね。徹底的に日本を排除しようとしたんだね。中国語マスターするまでに二、三年はかかったねぇ」

台湾が国民党の統治下に置かれてからも彼は家では日本語を話し続けた。

「親たちが中国語喋ろうともしないし、別に覚えようともしなかった。だって台湾の植民地支配は約五〇年だったからね。おとうさんは台湾語はわかったけどね。全然日本語。おじいさんは台湾語だった」

彼が中学二年のとき、一九四七年に二・二八事件が起こった。

「その日は今でもよく覚えているけどね、学校帰り、ちょうどあの、帰り道が総督府を通って台北駅に行くわけだよ。当時は桃園に住んどったからね。戦争終わったばかりだと食事の調達とかが大変だからね。一年してまた台北に引っ越したんだけどね。当時は桃園でないと危ないからね。んで、そしたら街の様子がなんだかおかしいわけだよ。普段は警察がいっぱいいるのに全然、警官が見えないわけだね。それで、若者がトラック乗って走り回ってるわけだ。奇声あげてね。で、これは大変なことが起きたぞーと思って、もう一瞬にしてみんなに伝わったわけだね。

それで若者が放送局を占領したわけ。それで日本語でね、放送しはじめたわけだよ。『こういうことがあった』とね。『タバコ売りのおばさんが官僚に撃たれて銃殺された。っていうのがバンバン流れてるために立ち上がる。元気なものは皆どこそこへ集まれー』ってね。っていうのがバンバン流れてくるわけ。血気盛んだからみんな『そうだー、いえーやれー』ってね。街中そういう若者が走り回ってた。そしたら兵隊とか警察とかみんな逃げちゃっていないんだよ。警察署なんて誰もいないわけ。桃園に帰って、もうその時はラジオとか口コミで回ってくるわけだよ。桃園県で、桃園帰ったらね、『明日、知事公舎を襲撃する』っていう話が回ってきたわけだよ。桃園県の知事をね。一応こっそり(家から)忍び出たわけだ。みんな若者は元気なんだよ。なんでかっていったらね、若者っていうのは兵隊から帰ってきたばっかりだから。それが突入してったから、後をノコノコついていったらね、知事の官舎の中がね、もう荒らされてあちこち。隅にピストルが落ちてた。手榴弾も落ちてた。一つ拾って帰ったらね、おとうさんに散々叩かれて怒られて、『おまえばか！死ぬ気か！』って。それ以来ウチから出さないんだよ。監禁されちゃった。それから一か月か二か月は閉じ込められとった。

その後、話に入ってくる噂は『どこどこの誰々が殺された。誰々が行方不明になった』そういう話ばっかかり。だからみんなもこうやって隠れてた。ときどき銃声も聞こえたね。

それで国民党政権は夜になると戒厳令敷くわけだよ。一一時すぎるとね、街角にみんな憲兵が立ってるわけ。二階の窓からこっそり開けてみるとね、憲兵がトラックからバーッと出てきてパパパッと配置されていくわけ。五〇メートルおきにね。実弾込めて。人が歩いてたらすぐ、怪しいのはダーッて撃つ」

蔣介石率いる国民党政権は、以来四〇年もの間、政権を独裁し、戒厳令を敷いたのであった。

二・二八事件の後、学校に行くと外省人の先生が威張っていた。

「お前たちは反乱分子だ。国民党はよくぞ来た」

本省人生徒らは、ただ黙っているしかなかった。

彼は日本時代には受けたことのなかった差別を、外省人の先生から受けたという。

「当時クラスで級長ってのがあるでしょう。それを選ぶのは生徒の選挙なんだ。僕は級長に選ばれたんだよ。そしたら先生は『この選挙は認められない。これはおかしい。もう一回やり直せ』って。もう一回やってもまた選挙で僕が選ばれた。そしたら頭抱えて、嫌々ながら『やれ』と。もういろいろ差別を受けたけどね。そのうち僕もやる気がなくなったわけだ。こんな先生に習ってるのはね」

外省人とはうまくやっていた。彼の学校はいわゆるエリート学校だったから、表面上はうまく付き合っていたし、言葉の壁も、「子供は二、三年したら何となく喋れるようになる」のであった。

ただ、環境の変化は一〇代の彼にとってあまりにも大きすぎた。特に蔣介石が国共内戦に負けて、台湾に逃げ込んできてからは、言いようのない圧迫感があった。外省人との先生とはソリが合わず、勉強の意欲も段々と下がり、気づけばラグビーに打ち込むようになっていた。ラグビーは、病弱だった自分を叩き直すべく、自分から一番きつい運動をやろうと思って始めたのだった。

高校三年のとき、台湾大学の工学部を受験したが落ちた。防衛医科大も落ちた。

「そしたら外語大に、イングリッシュカレッジにスカウトされてね。当時僕はラグビーで国体行ってたから、学校の名前売るためにね、私立でしょ、スポーツできる人探してたんだよ。親切だよね。『あいつがどうも浪人しそうだからスカウトしてやろう』ってね。それで、とにかく大学に入って、じゃないと兵役免除にならないわけだよ。高校卒業して大学入らない者は全部兵役。兵隊」

しかし、望むべくして入った学校ではなかった。当時の政治状況も考えると、将来がどうなるかもわからなかった。そんな矢先、彼の母親が日本に亡命することを勧めた。

「もうあくまでも、この政権に対してね、これはもう生きていけないなぁ、なんとか方法考えなきゃいけないなぁってことで、じゃ、日本に行こう。撤収してね。母親がものすごくそれを推奨した。『行きなさい、このままここにいたらダメになるから』ってね。だから偉いでしょ。長男次男をね、送り出したんだから」

一九五二年一〇月、彼は大学に在籍したまま、日本行きの貨物船に潜り込み、兄と共に着の身着のまま日本へ向かった。

「貨物船に、大きな日本行きの貨物船に乗り込んだ。今でいう竹芝桟橋についた。そのやり方はちょっと非合法だったけどね。お金握らせてね。なかなかの苦労だったけどね。一メートル以上の大きな丸太の間にね、その間に居た。船の底の方の倉庫。一日一回くらいかなぁ、船の底のほうが明るくなるとね、そいつ（お金を握らせた船員）が、おにぎりと今でいう干物を持ってきてくれたんだよ。それで命をつないだんだよ。何日くらいかなぁ、はっきり覚えてないけど四、五日は船で暮らしてたなぁ」

東京へ着くと親戚が迎えに来ていた。

「（東京に）着いたらね、いとこが迎えに来てくれた。あーびっくりしたねぇ。こっちは一応日本の状況をリサーチしてね、どこどこ行くってのはわかってたんだよ。いとこの住所はとりあえず控えで持ってるから、なんとかしてそこまで行こうと思った。日本語は全然普通にしゃべる。荷物なんか全然持ってないよ。持ってたのは腹帯の中に金の延べ棒と、それからクロマイっていう抗生物質。当時日本は抗生物質がなかった。全然出回ってなかった。進駐軍はあったけどね。高かった。それ持ってたら生活できるっていうね、情報が入っていたわけ。それともう一つはおふくろからダイヤの指輪。なんとかこれ売れば生きてけるだろう。

なんか手紙を送ってね、なんとか連絡がついたらしいんだよ。いついつどこどこで来るからってね。んで、その迎えに来たいとこは、シップドクター、捕鯨船の船医やってた。あちこち、どこにあるか知ってたんだよ。

こういう話ってのは、今だから喋ってるんだよ。自分の子供にも一切話したことなかった。とにかく台湾じゃ行方不明扱い。大学行く年頃だとみんな兵隊行くでしょう。徴兵の命令が来てもウンともスンともいわないから『どこ行ったんだ』って」

若者二人が突然やってきても、経済的余裕は全くなかった。そこで彼らは、かつて父が面倒を見た患者に、お金を借りることにした。彼らは神戸三宮へ向かった。

「日本に来て間もなくね、神戸。尋ねていったんだよ。台湾時代におやじが面倒見た患者さん。向こうから連絡来たからね。先生のお坊ちゃまが来たからって。行ってわかったんだよ。ヤクザの親分だった。三宮ついてそうそうね、キャデラックがあるんだよ。『坊っちゃんそんな格好してはいけません』ってね、オーバーすぐに買ってもらってね。一か月くらい滞在して、このままじゃ良くないってので帰った。台湾人だからね。戦後は外国人の権利を悪用してね。ごく少数は医者になった。そうじゃなきゃ水商売。悪どいのはヤクザっぽいことした。あの時は「つばめ」っていうのに乗って行ったんだよ。新幹線じゃないよ。朝九時に出て夜七時につく特急があった。それで援助もらって」

生活していくには医学部に入るしかない。そう考えた彼は東京にある大学の医学部に入った。学費は台湾の実家から非合法に送金された。

台湾から亡命した彼が入学するとき、何も問題なかったのだろうか。

「なんにも言われなかった。あの時はおおらかだったんだよ。学校行って教務課行っても、いちいち言われない。学校に真面目に来ればそれで良い。同級生はもちろん知ってた。その時は台湾の名前で入ったから。だから同級生はみんな知ってるよ。台湾ってことはね」

日本に来てからも、彼はラグビーに打ち込んだ。スポーツは日本で友達を作る上では非常に役立った。学部生の時代は自宅から大学まで電車で通い、夜はいとこが夜間診療している新橋へ行って街頭テレビを見るような生活だった。そして、彼は産婦人科の道へ進んだ。

「産婦人科を選んだのはね、大した理由はないんだよ。産婦人科の医局長がもう、運動が好きだったんだよ。で、ラグビー部何人かにね、『ここは面白いぞ。昼から運動していいから、ここは楽しいぞ』って言うから、じゃあここ、って何となくみんな入っちゃった」

医局に入ってからはほとんど研究室に寝泊まりするような生活だった。

「住んでいた所は結構転々としてた。全然家帰ってないよ。アパート借りても二回くらいしか帰ってないよ。ウチで使ってた鍋にカビ生えちゃってたもんね。ほとんど医局の研究室に泊まり込んでた。また、それが面白くてしょうがないんだよ。遊びもそうだしね、夜中手術するでしょ。みんなで余計にやるわけだよ。みんな泊まってるからね。

たとえば、うさぎの肉ってのはね、うさぎを実験に使うわけだよ。昔はね、妊娠反応はね、うさぎの耳から、静脈から注射してね、妊婦の尿を注射すると、うさぎの卵管に反応が出るわけだよ。それで妊娠を判断した。そういうのはフレッシュマンとか二年目が毎日やらされるわけだよ。うさぎのお腹をあけて、反応あれば陽性とか判断するんだよ。それを、そうねぇ、五回以上開けるともう使えなくなるわけだよ。だからそれを吊るして、夜のお酒の肴にしてた。うさぎの肉っておいしいよ。あの、鶏の肉みたい。昔の医局は今みたいに洗練されていないから、非常に牧歌的だった。で、夜六時過ぎ、仕事が終わるとみんな医局に集まってきて、お酒交換してさぁ飲もうってなるんだね。手術だって、まぁ少しくらい酔ったって大丈夫だったんだよ。で、こっちは飲んでる人、こっちは麻雀やってる人、大体いっつも一〇人ぐらいいた。だから夜中、どんな症例が来ても大丈夫だった。偉い人も一人や二人はいたしね」

そんな時期に、彼は日本に帰化することを決めた。昭和三六（一九六一）年のことである。まず、帰化するためには自分の国籍を放棄しなければならない。しかし亡命者である彼は国籍を証明する書類がなかった。そこで、法務局で無国籍申請をした。

「そういう逃げ道があるんだよ、法律で」と彼は笑った。

「まぁ事情は説明する。今は無理だろうけどね。今は避難民がそうでしょ。難民。僕達は政治難民だった。そう主張した。我々は政治的迫害を受けた。被害を受けて、命の危険があるからあえて日本に来た。そう主張したんだよ。それで行った時はもう、弁護士と入国管理の役人と話がついているわけだよ。で、一応事情聴取をして、勾留しないからその場で仮釈放。お金積んでね。当時はもう医者だったから。身分がハッキリしてたわけだよ。当時はもう大学病院にいたから。保証してくれるんだよ、勤務してるって。確実な職業、確実な技術、政治的思想、それから人格。保証する人がいるから。まぁ法務省もこれだったら良いだろうと。国益になるんだもの」

そうして彼は日本国籍を得て、再び日本風の名前となった。

それから一〇年ぐらいして、彼は開業しようと考えた。

「開業しようと思ったのは医局にいて、医局にいる目的の一つは技術を磨くためと、博士号を取るため。それで博士号を取る年齢が来たから、もうこれ以上ここにいたって、教授になれるわけじゃない。あと生活のため。食うためにはね。結婚を決めてから医局を辞めた。それですぐ開業でね。結婚はお見合いで知り合った」

開業資金は結婚相手の父親が出してくれた。

「義父がいとこや兄と同じ大学の医学部だったんだよ。同窓会で、『あそこに娘がいるよ』『ここに弟がいるよ』っていう、そういう話でね。台湾つながりってのもある（義父は台中出身）。どうしても昔の人はつながりを大事にする。いきなり知らない人とっていうのはね、どうしても自分に自信がなきゃ難しい。

義父は開業していた街で「夜の市長」と呼ばれてた。夜の市長。もっぱら裏で選挙を仕切ってたらしいんだよね。実力者。田舎の有力な医者ってのは金もあるし、票も持ってるでしょ。患者たくさん抱えているから。先生が『この人に投票する』って言うとね。みんな投票する。中曽根も鈴木善幸も来た」

開業の場所は親戚の住んでいた東京の周辺にした。そして、昭和四六（一九七一）年に開業した。昭和五〇年代はベビーブームだった。

「忙しかったよ。一人でやってたもん。一人で夜中の緊急帝王切開までやったんだから。その時は自信満々だもん。何やったって失敗しないもん。何が来たってびくともしないわけだ。自分の力は知ってるから。あぁこれはだめだと思ったら手は出さない。旅行なんて、一日も家から出たことないよ。子どもたちに遊びに行く約束したって途中でキャンセル。だから子供は運動クラブに入れたりね。娘の学校なんて、卒業式も入学式も一回も行ったことない。一六年間。そのかわり、孫の運動会は六年間参加してる」

台湾に初めて戻ったのは昭和五二（一九七七）年のことだった。弱冠二〇歳で故郷を去ってから、既に二五年経っていた。

「もうその時は解決した。法律的に解決してたんだよ。日本国籍のパスポート持ってたしね。ちょっとドキドキした。その時は兄の同級生が台湾の検事総長みたいになってたんだよ。その人が保証したわけだよ。『大丈夫、俺が保証する』ってね。んで、台湾行ってみたら誰かがこっち呼ぶわけよ。何かと思ったらね、ノーチェックでスッと通った。ほんでみたら向こうにその友達が来てるわけよ」

それ以来、時々は台湾に戻った。昭和五五（一九八〇）年、彼の父親が東京に来て、そこで亡くなった。心臓肥大だった。彼が執刀したが、だめだった。その時の話をすると目に涙を浮かべる。

どんなに忙しくても、運動は続けていた。好きなラグビーについて彼はこう語る。

「開業して一〇年ぐらいはラグビーやってたんだから。毎日二階の階段走って体鍛えてた。OB戦行ったりね。グラウンドがあるんだよ。車に乗せて、後輩に子どもたちの面倒見させてね。僕は試合してた。子供を外に連れてったことがあるのはキディランドとラグビーのグラウンドとゴルフの練習場だけ」

平成一七（二〇〇五）年、彼は分娩の担当をやめた。年老いた彼の些細なミスを、跡継ぎの息子は見逃さなかった。彼はもっと続けたかったが、息子が許さなかったのだ。

八六歳になる今でも、内科として病院を続けている。五〇代に入って始めたテニスも続け、スポーツ観戦はほぼ日課となっている。このワールドカップも夜中まで見ていた。分娩をやめてから旅行にも精力的に行くようになったという。今は半年に一回は台湾へ行く。

「いや、いい時代になったよ」と彼は笑顔だった。

後記

令和六（二〇二四）年の六月で話を聞かせてくれたおじいさんは九二歳となった。院長席は息子に譲ったが、相変わらず病院の椅子に毎日座り、最近流行りの電動キックボードでテニスにも通い続けているという。コロナ禍を乗り越えて、四月には四年ぶりの台湾訪問が叶った。何を食べるにも「懐かしい、懐かしい」と、一人前をペロリと平らげ、台北の街をタクシーで移動しながら、「この辺りはよく遊んだ」などと昔話にも花が咲いたらしい。現地に住む親戚とも久しぶりの再会となった。別れ際、手を握りながら、「来年もまた来るね」と、嬉しそうに語りかけ、同行者によると、少し涙が浮かんでいるようにも見えたという。

第一二話　「可愛い子になるように」と纏足《てんそく》用の布を巻こうとして幾度となく怒鳴られたり

聞き手・書き手＝坂井佑理（二〇一四年度）

語り手＝祖母　中国天津市電話会社員娘／大分県竹田市引揚／商社員妻／東京在住

今回私は東京都町田市に住む母方の祖父母に聞き取りを行った。二人が京都旅行に来た際に行ったので限られた時間しかなかったが、二人とも熱心にあれこれと話してくれた。当初は祖母が「レポートにするならじーじの方がいいわよ」と勧めていたので私もそのつもりであったが、そういっておきながら昔を思い出して楽しくなってきたのか、祖母の口は勢いよく回っていた。祖母は東京に帰ってからもそのことに関してちょくちょくとメールを寄越し、何と手紙も二通出してくれた。そういうわけで今回主に書くのは祖母のこと、とりわけ幼少期を過ごした中国・天津と大分県竹田市・奥長湯でのことである。なぜか一〇歳に満たない頃の話ばかり聞かされたのだが、おそらく本人にとって思い出深く、今でも大切にしているものがそこにあるのだろうと思って気にしないことにした。曾祖母から祖母、祖母から私という又聞きの部分が増えてしまっているだろうが、祖母の記憶力に免じて許していただきたい。

祖母は昭和一五（一九四〇）年三月に天津で日本人の一家に生まれた。一人っ子で兄弟姉妹はいない（ただし犬はいた）。佐世保への引き揚げは昭和二〇（一九四五）年初めだから、天津にいたのは小五歳になる前までということになる。そういうこともあって祖父は「ばーばがあっちにいたのは小さい頃だから（記憶があまりないだろうから）やめておいたほうがいい」と言ったのだが、祖母はそんな祖父を見返すように当時の住所を諳んじてみせた。天津市河北大慶路新徳里九号というところだという。

祖母の両親は共に九州出身で、父は結婚前から天津で華北電信電話会社に勤めていた。二人は日本でお見合いをして昭和一四（一九三九）年に結婚し、天津で新生活を始めた。彼らが住んだのは柿の木の植わった中庭のある平屋であり、八軒を一区画として高い煉瓦塀が囲っていた（大連に住んでいた祖父曰く、中国ではこれが普通だという）。貸家であり、持ち主は中国人だった。「今考えると、あの人は上流階級だったのかなあ」。曾祖母（つまり祖母の母）はその大家の息子に北京語を習っていた。彼は日本の大学を出たらしいから、確かにその推測は合っているのだろう。曾祖母の中国語がそのような少し「お上品」なものであった一方、曾祖父の中国語は仕事場の苦力《クーリー》（出稼ぎの労働者）

由来だったそうで、「汚い中国語」と曾祖母はいつも笑っていたらしい。

祖母は専ら自分のことよりも家で使われていた二人の中国人について話した。一人は女中、つまり「阿媽《アマ》」で、幼い祖母の世話をよくしてくれたという。名前は忘れてしまったようだがその老女の容姿はよく覚えていた。長い黒髪を後ろでお団子にして纏めていて、耳には金色のイヤリング、黒い中国服の上下、そして纏足のために非常に足が小さかったという。祖母の世話係ではあったものの、歩きが頼りないということで抱いたりおぶったりということは曾祖母が禁じていた。代わりに乳母車を与えていたようだ。

阿媽は祖母のことを本当に可愛がってくれたようで、「可愛い子になるように」と纏足用の布を巻こうとして曾祖母に幾度となく怒鳴られたり、気に入った（中国風の）髪型にしてあげようと中国人のやっている散髪屋に祖母を連れて行ってやはり曾祖母に叱られたり……しかし日本人と感覚が違うとはいえ、どれも祖母を大事に思ってしていたことであり、阿媽仲間たちとの間で「自分が面倒を見ている子自慢」が始まると決して譲らなかった。

また曾祖母も相当に心の広い人であり、そんな阿媽のことをよく理解しかわいがっていた。山海関に海水浴旅行に行く時も、海を見たことのない彼女を適当に理由を付けて連れて行ってあげたという。「これは川じゃないの、どうして塩っぱいの」と阿媽に訊かれ、どう答えていいかわからなかった曾祖母が「海の底には岩塩があるのよ」などと適当なことを言っている光景はまるで落語だった、と祖母は思い出し笑いしていた。

もう一人は曾祖父が仕事場でスカウトしてきた中年の下男であり、名前は王といった。「阿媽の方は姿形をはっきり覚えてて、名前を覚えてない。王の方は名前を覚えてるのに姿がさっぱりでてこないのよ。辮髪《べんぱつ》だったかなあ?」。

彼が雇われた理由は「他の中国人は何かと嘘をついて怠けたり盗みを働いたりするのに、王はまったくそんなことをしない」というものだった。実直な性格から彼は信頼されており、彼を買い物に行かせた後に残金の勘定が合わなくても、疑われたのは彼ではなく雑貨屋の店主の方だった。そのようなことがあったため、曾祖母は文盲の王に簡単な計算(とは言っても数字を覚えるところから始まった)を教えた。真面目に勉強し足し算と引き算を覚えた彼は、見事に店主がお釣りを誤魔化していることに気が付きそれを指摘した。しかし苦力の言うことなど、と店主はまったく取り合わず、悔しい思いをした王はそれを曾祖母に言いつけた。すると男勝りな曾祖母はすっかり頭に来て、「私が一緒に行ってあげるからもう一度掛け合いなさい」と共に出かけて行ってしまった。そして再び店主と王とで「苦力が計算なんてできるわけないだろう」と言い合いになり、しまいには王が柳の枝で店主を殴り、警察沙汰になると二人で逃げ帰ったという。そのことを祖母は「勝利」と言っていた。そうなのか?　と私が訊くと、上層階級の人間に一泡吹かせただけで十分すぎる、と祖母は笑っていた。王はこの件に関して曾祖母に涙を流して深く感謝し、自分の子供には学問をさせる、と心に決めたという。何かの寓話のような話である。

そんな気の善い中国人たちとの暮らしはなかなか楽しかったという。それに加え、天津には祖母の覚えている限りでもイギリス租界とフランス租界があり、祖母はよく曾祖母にチョーピー（人力車の自転車版）に乗せてもらって買い物に行った。租界については祖母は手紙に書いており、租界に行ったらチキンライスを食べるのが楽しみだった、と記してあるのだが、「チキンライス」に括弧書きで「赤い御飯」と付け加えてあるのがなんだか可笑しい。今日日チキンライスなど珍しくないが、当時は「赤い御飯」としか形容しようのない異国の食べ物だったのかもしれない。

また、祖母の一家が暮らしていた区画にはカネボウ勤務の家族や銀行勤めの人がおり、戦中の物不足にもかかわらず「砂糖だって小麦粉だって、お米も薬も」手に入ったという。もちろん表立って言える入手ルートではないだろうが、そういった環境にあった一家は相当に豊かな暮らしをしていた。粉があったので阿媽が餃子や肉まんなどの点心を作っていたが、阿媽はどう見ても三人家族の食べる量の何倍も作っていた。不思議に思った祖母が曾祖母に訊いたところ、阿媽の家は貧しいから持ち帰って家族に食べさせてやりたいのだろう、と曾祖母は答えた。つまりそれを黙認していたのだ。つくづく格好良い人だと思う。また、正月には慣習で春餅を食べたそうだ。それも粉あってのことである。

そのような戦時中とは思えない生活をしていた一家のもとにある時、曾祖母の弟が東京外国語学校（現・東京外国語大学）の学徒動員のため天津を通過するという報せが入った。夫婦が面会に行くと、「ド近眼」の彼の眼鏡のつるは木綿糸を縫ったものになっており、軍服もみすぼらしかった。その姿に衝撃を受けた曾祖母は弟を連れ出し、ドイツのローデンストックの眼鏡を二つと虎屋の羊羹をたくさん買い与えた。羊羹の差し入れには上官も兵卒も一緒になって喜び、内地の現状を憂いたという。またその一年ほど後には曾祖父が天津の駅で、竹筒を水筒代わりに提げた日本兵を目にした。それを受けて曾祖父は日本の敗戦を確信し、昭和二一（一九四六）年に予定していた祖母の国民学校入学前までには日本に帰ることを決意した。

そして昭和二〇（一九四五）年八月に終戦となる。生活を脅かされる日本人居住者たちを見た阿媽と王が刺繍の入った中国服と靴を持ってきて、身内として匿うことを申し出てくれたが、曾祖父母はそれを断った。しかし自分たちのことをそんなに思ってくれていたというのが嬉しかった、と曾祖母は言っていたという。曾祖母は晩年まで彼らのことを気にかけていた。同年一二月に引き揚げる際には彼らに家財道具は全て譲り、犬は大家が積極的に貰い受けたということだ。阿媽と王は最後まで、本当に帰ってしまうのか、と別れを惜しんでいたそうだ。年が明けて昭和二一（一九四六）年一月一五日に一家は佐世保に帰国した。

ひとまず数日は戸畑（現北九州市戸畑区）の（祖母から見て）伯父の家を頼ることになった一家だったが、天津での暮らししか知らない祖母は、北九州の人々の生活を見てある意味「カルチャーショック」を受けた。というのも戸畑駅前は家屋疎開で更地になっており、伯父の家の人々は一家が天津から持ち帰った飴やソーセージ、ジャーキーなどを一口ずつ大切に、本当においしそうに食べていたのだ。「あのぐらいなら天津にはいくらでもあったのにねえ」。

伯父の家では食料がないのですぐに竹田の曾祖父の実家に移ったが、そこは本当の田舎だった。天津育ちの祖母は日本の農民の物の考え方（祖母は「どこかチマチマとしている」と表現した）にしばらく慣れることができなかったという。また人々は総じて貧しく、同年春には祖母は国民学校に入学したが、毛皮のコートに革のブーツ、それにランドセルを背負った祖母は「珍獣」であり、いじめの対象になった。もっとも理解者も多く、楽しく学校生活も農村生活も送ることができたという。

この歳の頃になると印象深い出来事でなくとも覚えていることが多いと言って、祖母は年中行事を書き出してくれた。田植えは村人総出で行い、一〇時に間食、一二時に昼食、一五時にはお茶が田の持ち主から出された。その用意は老人や田植えのできない体の弱いものがやっていた。また埋葬は土葬が基本であり、大小さまざまな土饅頭が並んでいた。大きな家の墓の場合はその上に石塔が、そうでもない場合は河原の石などが載っていた。田舎なので花屋はなく、お供えには庭の花や牛の放牧地で摘んできたものを使っていた。お盆の夜には新仏のある家に集まり夜通し盆踊りを踊り、その家が食べ物などを出すことになっていた。「この間、新日本百景をテレビで観てたら、五箇山の「こきりこ」の歌や踊りが田舎の役七（盆踊りの一つ？）に似ててびっくりした」。

夏には蛍狩りをしたり川で泳いだり魚を捕ったりして遊んでいた。そういえば蛙の尻に麦わらをストローとして差し込み、息を吹き込んで遊んでいた、という話も以前聞いた。秋には「サガ宮様のお祭り」があり、獅子舞としゃぐま(おそらく赤熊のこと)の行列があった。赤熊は若者が長い槍を持ったもので、まるで大名行列のようだったという。また、秋の稲の取り入れも田植え同様村総出の作業だった。十五夜にはお月見をし、縁側に果物と新芋と団子を供え秋の収穫への感謝を捧げた。冬には藁を打って草履を夜なべで作り、一二月二八日頃に餅つきをした。一度目についた餅は「お年様」と言い一番大きな二段重ねの鏡餅にする。二度目の餅は小さい鏡餅を仏様用、机用、水神様(井戸)用、荒神様(竈)用に作る。ただし荒神様のものだけは三段重ねにする。三度目の餅になってようやく、普通に食べるための餅になるという。正月にはしめ飾りや門松を立て、朝にはお屠蘇で清汁のお雑煮を作った。一月一五日は「女正月」であり、正月働き詰めた女性たちが集まりおいしいものを食べてお喋りに興じた。

祖母は竹田で三年間田舎暮らしを満喫し、その後北九州に移る。北九州で高校まで卒業し、昭和三三(一九五八)年から住友商事の八幡支店で働くことになった。昭和三五(一九六〇)年に退社し、職場で知り合った祖父と翌年に結婚、一男一女をもうけた。昭和四二(一九六七)年、私の母が生まれる頃に祖父は東京への転勤が決まる。赤ん坊の母が北九州に住んだのはほんの数週間のことだった。祖母は仕事で海外を飛び回る祖父の分まで家を切り盛りし、育てた子供は二人とも結婚した。孫はそれぞれ二人ずつで、私の方の家族は今は父方の家のある熊本に住んでいるが、母の兄の方の家族は祖父母と共に暮らしている。曾祖母譲りでサバサバした性格の祖母は嫁姑問題などというものとは無縁で、ちょっと抜けたところのある伯母をとても可愛がっている。また、どうも怒っても迫力のない伯母の代わりに祖母が従姉妹たちを叱りつけているのも何度か見た気がする。いつまで経っても中身が若い祖母は、七五歳になった今でも孫たちから「お婆さん」とは見られていない。どちらかと言うと「話のわかるえらく年上の人」といった感じである。

第一講　生活史《ライフヒストリー》レポートの書かせ方――とある民俗学講師の試み

菊地　暁

前口上

生活史というジャンルについて、[1]筆者は優れた作品を書いたわけでもなければ、[2]理論的貢献をしたこともないのだが、[3]他人様にはそうそう負けないだろうと思っている関与が一つだけある。それは、生活史を「書かせた数」。ここ十数年で五千人ほどに生活史を書かせてきた。筆者が担当する「民俗学講義」で、[4]「おじいさん／おばあさんの生活史」という期末レポートを課してきたからだ。

以下、筆者が受講生に与える期末レポート課題の説明「生活史作成の注意」を紹介したい。恥ずかし気もなく拙い講義の概要を示すのは、まずはこの程度でも、初歩的な生活史の作成が可能であるということを御理解いただきたいからだ。生活史というジャンルのさらなる発展のためには、底辺の裾野が不可欠であり、まずは生活史作成の経験者を増やしていくことが肝要だろう。それはいつか、その頂点を高めることにもつながっていくに違いない。

一　生活史とは

期末レポートの課題は「おじいさん／おばあさんの生活史」、字数三〇〇〇字以上、「本講義で学んだ民俗学の考え方に基づき、おじいさん、もしくは、おばあさんより聞き取りを行い、その生活史を作成する」というもの。平たくいって、おじいさん／おばあさんの伝記を書く、という課題です。なお、聞き取りするおじいさん／おばあさんは、受講生本人の祖父母がベターですが（理由は後述）、死別や病気といった諸事情ある場合は、血縁上の祖父母以外のおじいさん／おばあさんでも構いません。血縁者であれ非血縁者であれ、おじいさん／おばあさんの話を聞いてまとめるという課題です。

あらためて、生活史とは何か、といいますと、たとえば『社会学事典』（見田宗介他編、弘文堂、一九八八）には次のような説明があります。

現在に至るまでに個人がたどってきた経歴を一定の項目（例えば、家族歴、学歴、職歴など）を含めた上で本人や聴取者により作成された自分史のこと。個人は、自らの社会的生活を客観的な制度と主観的な体験との間の相互作用として経験するが、その相互作用の過程を、個人の側から記述したものをいう（五一八頁、亀山佳明執筆）。

その生活史にどういう学問的意義があるのかというと、まず何より、そこから生活の具体的なデータが得られます。「個人」というハッキリとした単位のデータが。たとえば、「日本人」といっても一億二千万人もいますし、「関西人」といったところで「京都人」とか「大阪人」とかさまざまなバリエーションがある。というようなことを考えていくと、結局一番具体的な存在は「個人」ということになります。

さらに、一人一人の生活経験について話を聞いていくと、その語り手自身がやったこと、見たこと、聞いたこと、いろいろなことがその語りに含まれていることがわかります。それを丁寧に腑分けしていくと、ここは本人が自分で「やったこと」、ここは誰かから「聞いたこと」という風に、どの部分がより信頼性の高いデータで、どの部分が注意のいるデータなのかも判断できます。

そうすると、その人からさらに何を詳しく聞いていけば良いのか、というさらなる調査の戦略を立てることもできます。データの信頼性を測る目安として、その話者の生活体験を一通り聞いておく作業は非常に重要な意味を持つわけです。

聞き取り／インタビューをする学問は、民俗学に限らず、社会学、人類学、現代史などなどいろいろありますが、最終的に公刊するかどうかには別にして、調査のワンステップとしてこういう作業をすることは多々あります。そのような基本的な調査技術をみなさんに実体験してもらうことが、この課題の狙いです。

二　生活史に「定型」はない

ただ問題なのは、話し手（話者、語り手）は千差万別の人生を送ってきているわけで、それを聞き出そうとする聞き手（調査者）も一人一人異なる人生を送ってきた人間だということです。いわば、千差万別×千差万別＝無限大ということになるわけで、どう聞き出してどう表現するかに「定型」がない。これが絶対という「正解」がないところが、生活史という方法／実践の厄介で面白いところです。

宮本常一（一九〇七〜八一）は、日本全国の市町村で行かなかったところはないというぐらい全国を歩き回った伝説のフィールドワーカーですが、その代表作『忘れられた日本人』（未來社、一九六〇）は、とてもユニークな生活史の作品です（岩波文庫に入っています）。その中の代表作というか問題作に「土佐源氏」という作品があります。(5) 土佐で「源氏」とはどういうことかと言いますと、高知県の山奥で「博労《ばくろう》」という牛を売ったり買ったりする仕事をしてるおじいちゃんを語り手とした作品なのですが、そのおじいちゃんが牛の売り買いだけでなく、訪れた村々の女性たちと関係を持つというプレイボーイで、そのあたりが源氏物語の光源氏に似ていなくもないというところから「土佐源氏」と付けられたのだと思います。興味のある方は是非読んでいただきたいのですが、まあ大概なじいさんです。それはともかく、冒頭をちょっと読んでみましょう。

「あんたはどこかな？　はァ長州か、長州かな、そうかなァ、長州人はこのあたりへはえっときておった。長州人は昔からよう稼いだもんじゃ。このあたりへは木挽や大工で働きに来ておった。大工は腕ききで、みなええ仕事をしておった。

時にあんたは何が商売じゃ？　百姓じゃといいなさるか、百姓じゃァあるまい、物いいがちがう。商売人じゃないのう。まァ百姓でもええわい。わしの話をききたいといいなさっても、わしは何にも知らんのじゃ、何にもな。ばくろうしておったから牛や馬の事なら知っとる。しかしほかの事は何にも知らん。

どうして盲目になったといいなさるか。盲目にのう、盲目になって、もうおっつけ三十年が来る。ごくどうをしたむくいじゃよ。まァ、ずいぶん極道しよったでのう。極道がすぎて、まともなくらしもようせなんだ。

あんたは女房はありなさるか。女房は大事にせにゃァいけん。盲目になっても女房だけは見捨てはせん」

いろりには火がチロチロもえていた。そのそばに八十をかなりこえた小さい老人があぐらをかいてすわっている。いちじく形の頭をして、歯はもう一本もなくて頬はこけている。やぶれた着物の縞もろくに見えないほどよごれている。

ここは土佐の山中、檮原村。そしてこの老人のこの住居は全くの乞食小屋である（岩波文庫版一三一〜一三二頁）。


宮本が老人と出会った場面から文章が始まっています。たまたま、この老人を描くのにこのスタイルが良いと宮本が判断したからそうなっているだけで、絶対にこう書かなければいけないという理由はない。ですので、話者と聞き手／書き手となる自分との関係を考えた上で、それぞれベストの表現を模索してほしいと思います。

三　評価の目安／よくある落とし穴

ここで、評価の目安を確認しましょう。定型がないものを一体どうやって評価するのかという疑問が当然生じるわけですが、定型はないけど「良し悪し」は確実にあります。以下、何が良くて何が悪いのか、五点挙げます。

まず、聞き取りの実施。文字資料を主として作成された生活史は、他の学問分野での価値はともかく、この民俗学講義としてはアウトです。みなさんのおじいさん／おばあさんの中には、功成り名を遂げた方がいて、その伝記がすでにあり、それを読んでまとめたレポートを書く方が時々おられるのですが、それでは民俗学のトレーニングにはなりません。キチンと話を聞いて、それを文章にまとめてください。仮に文字化された伝記がすでにある方でも、それはちょっと脇に置いて、話を聞いてみてください。聞き取りを実施しているか否かが、第一のポイント。

次に、基本情報の的確さ。話者の家族構成、居住地、学歴、職歴等の基本情報が、キチンと書き込まれているか否か、という点です。たとえば、自分自身のことを考えてみてもわかると思うのですが、どこで生まれたか、どういう家族構成だったか――一人っ子なのか、兄弟姉妹がいるのか、いるとすれば、上に兄姉がいるのか下に弟妹がいるのか、ということは、その人のパーソナリティにそこそこ大きな影響を与えると思うのですが、だとすれば、他の人も一緒です。話者の人生を理解しようとするなら、どこで生まれ、どういう家族構成だったのかをキチンと確認してください。とりわけ重要にもかかわらず書き忘れられがちなのは、生家の生業。時代や地域にもよりますが、たとえば、農家の長男に生まれれば後継ぎとなることを期待されますが、サラリーマンであれば、そこまで進路を縛られることもありません。そのことが、進学や就職のコース選択につながるわけなので、そういった基本情報を的確に押さえることが二つ目のポイントです。

次に、文章表現の簡潔さ。ダラダラ書かない。簡潔に書く。美文――文学的に美しい文章――を書けとは言いませんが、ダラダラした駄文は書かないで欲しいわけです。

ひとつ参考にオススメするのが、梅棹忠夫『知的生産の技術』（岩波新書、一九六九）、かれこれ半世紀前に刊行された岩波新書で紹介されている文章術「こざね法」です。梅棹は、京都生まれ、京都帝国大学理学部動物学科を卒業、そのうち動物だけでなく人間の研究がしたくなって民族学者に転身、京都大学人文科学研究所の教授を経て、大阪吹田にある国立民族学博物館の初代館長になった人物。その梅棹が書いたロングセラー『知的生産の技術』は、半世紀前の刊行ですが今でも売れ続け、すでに一〇〇刷を超えています。

この中に出てくるのが「こざね法」。どんなことをするかと言いますと、①まず書こうと思っていることをとにかく書き出してみる。メモ用紙を用意し、「これ書かなきゃ」と思っていることを、とにかく自分の頭の中からいっぺんアウトプットする、というのが最初のステップ。②次に書き出したメモを見比べて、内容の近いものをグルーピングする。③グループができたら、グループの中の順番を考える。これが実は段落になります。そして最後に④グループの間で順番をつける。ここまでくると、文章の骨組みという以上に八割方できあがった文章になる。これを微調整していくと完成、という仕掛けです。

じつはこれと同じ作業は、現代ではメモ用紙を使わなくても、パソコンのテキストエディターで可能です。とりあえず書きたいと思っていることを全部入力してみて、入力した後に読み返し、これとこれは関係があるとか、こっちとこっちは順番がこうだとか、だんだんカット&ペーストを繰り返していくと、最終的にキチンとした文章ができあがるわけです。パソコンがない時代にそれと同じような作業をやろうとしたのが、梅棹の「こざね法」であり、逆に言えば、そのような方法の延長線上に現代のパソコン文章術があるわけです。(6) なので、パソコンをキチンと使える人はそちらで作業して全く問題ないのですが、文章の書き方の練習としては一度やってみると面白いかと思います。とにかく、簡潔な文章を書いてください。ダラダラ書かないこと。

次に、「一般的な事実関係」の煩瑣な説明、というありがちな落とし穴について。たとえば、みなさんのおじいさん/おばあさんですと、戦前生まれの方はもう少数派かと思いますが、それでも戦時中のことを覚えておられる方がいらっしゃいます。そうすると、それにかこつけて、「太平洋戦争は一九四一年一二月八日、真珠湾攻撃に始まり……云々」というような、ネットをコピペしたような文章を長々と書きだす方が時々おられます。主に聞き取り作業が雑だったり少な目だったりする方です。ですが、そのような記述はそれほど重要ではありません。一般的な出来事を知っておく必要はあるのですが、生活史にとって大切なのは、その出来事が話者にとってどのような意味を持つ体験か、です。

たとえば、空襲という出来事も、空爆の目標とされた都市部にいた話者からは、焼夷弾が雨のごとく降り注ぐなか、命からがら生き延びた体験が語られることになります。ところが、空爆目標とされない周辺部にいた話者は、しばしば、空襲が「花火のように美しかった」と語ります。幼心にはそれがただただ美しく、物心がついてそれが爆弾であることがわかると、その美しさと恐ろしさのギャップに戦慄する。という具合に、書いてほしいのは話者の体験であって、そのための背景説明はなるべく簡潔に、というのが四つ目のポイント。

最後。これも文字数が少な目の方にありがちな落とし穴ですが、やたらと「感動しました！　私はおじいさん／おばあさんのように生きたいと思います！」みたいな小学生の作文のような感動と努力目標を述べて終わる方が時折いらっしゃいます。それはよろしくありません。もちろん、おじいさん／おばあさんの話をキチンと聞くと、感動することは絶対あると思います。ただ、それをそのまま「感動した」と書くよりは、その感動に値した事実関係を丁寧に書いた方が、結果的に読者――この場合、担当講師の私ですけれど――に伝わると思います。記述者側の感情表現は抑え、感動に値した事実を丁寧に描くことを心がけてください。これが五つ目のポイントです。

四　聞き取りのヒント

いくつかの聞き取りのヒントを挙げておきます。

まず、地図は有効活用してください。たとえば、オンラインの地図データが非常に充実しており、国土地理院の「地理院地図」(https://maps.gsi.go.jp/) は、白地図、地形図、各時代の航空写真などが入っていて、今は住宅地になっている場所でも昔は田んぼや畑だった、ということがよくわかることがあります。時系列地形図閲覧サイト「今昔マップ」(https://ktgis.net/kjmapw/) も、現在の地図と歴史的な地図を簡単に比較参照できます。話し手から聞いた話を地図で確認すると、聞き手のほうも正確にイメージできますし、もし可能であれば、当時の地図を広げて、話し手と聞き手で地図を見ながら話を聞くと、ここが原っぱだったとか、このマンションはもともと工場だったとか、話し手がいろいろ思い出してくれることがあります。そんなわけで地図はいろいろ利用価値がありますので、存分に使ってください。

地図以上に重要なのが写真です。おじいさん／おばあさんは何らかの写真アルバムをお持ちではないかと思いますので、可能であれば是非見せてもらってください。というのは、自分自身が何かを聞かれる時を考えてみたらわかると思うのですが、漠然と「昔のことを聞かせて」と言われても、漠然とし過ぎて、「別に特別なことはなかったよ」みたいな、漠然とした答えしかできないということになりがちです。

記憶というものは、色、音、匂い、味など、具体的な事物によって喚起されます。ただざっくりと「昔のこと」と聞かれるよりは、たとえば写真を見て、「これは何?」とか「この頃おじいちゃんはどうしていたの?」とか問いかけたほうが、聞く方も聞きやすいし、聞かれる方もいろいろなことを思い出しやすくなります。写真は、記憶の引き金みたいな役割をしてくれますので、よほど重大な秘密があって絶対に見せたくないということでなければ、見せてもらってください。付け加えますと、レポートに良い写真が付いていますと、こちらもわかりやすいので大変ありがたいです。

三つ目に、話者が許してくれるのなら、録音・録画機材を使った方が絶対に良いです。なにより自分の記憶は過信できません。また、記録機材を使うと、記録するというタスクから解放されますので、その分、質問すること、話を聞くことに集中できます。なので、許される状況であれば、録音・録画は必ずしてください。

付言すると、聞き取りがオンラインということもあります。おじいさん／おばあさんに会いに行けないので、電話やZOOMで聞くといったケースです。対面調査とは異なる配慮を要しますが、あらかじめ質問内容を手紙で送っておくなど、いろんな工夫の仕方ができますし、じっさいこれまで受講生もそういう工夫をして話を聞いていました。やってやれないことはない。各位、状況の許す範囲で工夫を重ねていただきたいと思います。

最後に忘れてはならないのが、調査をする側は調査をする理由が――レポートを書かないといけないとか、論文を書かないといけないとか――必ずあるのですが、調査される側は、調査されなければならない理由は基本的にない。調査というのは、しばしば、というよりも、本質的に「迷惑」であるということは、頭の片隅に入れておいてください。宮本常一は「調査地被害」という有名な論文で、(7)いかに過去の調査者が調査地の人の立場を顧みずに、自分勝手な調査をしてきたかということを、豊富な事例に基づいて指摘しています。そういう可能性がありうるということを念頭に置いてください。

そこで、これをクリアする一番の方法は何かというと、結局、相手との人間関係をキチンと作っておく、ということになります。その点、自分の実際の祖父母に話を聞くというのは、よほど複雑な家庭環境ではない限り、間違いなくベストです。すでに人間関係があるのですから。孫に話を聞かれて嫌だというおじいさん／おばあさんが全くいないとは言いませんが、まずいない。血縁上のおじいさん／おばあさんが諸事情あって話が聞けないという方は、それ以外の、できるだけ人間関係をキチンと築けそうな相手を選んでください。家族の紹介であるとか友人の紹介であるとか、自分が持つ人間関係を最大限に活用し、良い話者に出会ってほしいと思います。

参考として、作品例を紹介しておきます。過去の受講生が書いたレポートの中に優れたものがたくさんあり、それを毎年、話し手と書き手の許可を取って、『ライフヒストリーレポート選』という本にして、大学の図書館に納めております。(8) これが一番参考になるかと思いますので、大学図書館でご覧ください。

あと、私が大阪府豊中市岡町で老舗うどん屋の御主人から聞いた話をまとめた「うどんとモダン」という論文がネットで読めますので、ご覧いただけたらと思います。(9)

ライフヒストリーレポート、いろいろ大変かと思いますが、最終的には得るところがあるはずです。これまでの受講生がそう言っておりますので保証します。頑張って優秀なレポートを書いてください。みなさんの健闘を期待しております。

五　文章化のヒント

（上記の説明から一か月ほど間を置いて以下の注意を与える）。

そろそろインタビュー調査を終えて執筆作業に進んだ方も少なくないかと思いますので（希望）、文章作成の注意を五点述べておきます。

まず、文体について。大別して、話者が語っているかのように一人称で再現する口語文体と、聞き手が三人称視点から叙述する文語文体があり、それぞれ長所短所があります。口語文体は、生き生きとした躍動感を生み出しますが、文章としての読みやすさを欠くきらいがあります。文語文体のほうはこの逆です。折衷案としては、文語文体を基本として、要所要所を話し手の発言を引用してアクセントをつける、というアプローチがあります。なかなか効果的なのでオススメです。先に紹介した「土佐源氏」のように、全編を口語文体で書くことも可能です。最終的には、その話者の語りを生かすにはどのような文体が良いかということなので、試行錯誤して欲しいと思います。

二点目は文章構成について。人の語りは、時間的に前後して行ったり来たりすることがしばしばです。それをそのままの順序で書くことも可能というか、絶対ダメではないのですが、あっち行ったりこっち行ったり、わかりづらい文章になるリスクが少なからず。なので、特別な理由がない限り、誕生から現在に至るまでを時系列順に書くのが一番わかりやすい形になります。逆にいうと、時系列順を外れる場合は、なぜそう書くのか、明確な理由や意義が必要ということです。

なお、普通の論文やレポートを書く場合は、第一章、第二章……と章節をキチンと分けないといけませんが、三千字程度の生活史であれば、章節が分かれていなくても、時系列を追って順に書かれていれば問題なく読み通せます。章節を細かく分け過ぎると、逆に読みづらいこともあります。なので、章節はなくても問題ナシ。ただ、段落はキチンと分けてください。これも経験則ですが、一〇行を超えたら段落を分けることを考えてみて良いようです。字数ではなく行数の問題。その際、段落をうまく分けられないとすれば、その段落の文章そのものに問題がありそうです。

三点目は、話し手の呼称について。じっさいに祖父母の生活史を書いてみてハタと直面するのが、おじいさん／おばあさんを文章上でどのように示すかという問題です（なお、一人称の口語文体では話者の自称を自ずから採ることになります）。たとえば、筆者＝聞き手側からの呼称で「祖父は〜」「祖母は〜」と書くこともできますし、あるいは、固有名詞で「太郎は〜」「花子は〜」と書くことも可能です。原理的にはどちらでも良いのですが、経験的には後者のほうが書きやすいかと思います。というのも、話し手となるおじいさん／おばあさんは自分を起点に親族のことを話されると思いますが、それを孫である筆者＝聞き手を起点に書くと、「祖父の祖父は〜」「祖母の祖母は〜」など、表記が煩瑣になってしまいます。祖父母を固有名で示すと、「太郎の祖父は〜」「花子の祖母は〜」と、いくぶんスッキリした表現になります。

また、親族名称・呼称ではなく固有名詞を用いたほうが、記述対象である語り手を客観視する距離感を保ちやすいように思われます。付言すれば、祖父母に対する敬語の使用からも、ある程度の自由度が得られます（孫から見て祖父母は対面状況では敬意を示すべき相手ですが、家族以外の第三者——たとえばレポートの読者——に向かって説明する際は、敬語の使用を控えるべき「身内」になります）。もろもろ考えると、話者は固有名詞で表記したほうがベターです。ただ、これはあくまで経験則なので、親族名称・呼称をメインにすることが絶対ダメということではありません。話し手と聞き手の関係に即して、各々試行錯誤されることを望みます。

四点目は内容について。ときどき、何年何月にナントカ学校に入学して、卒業して、就職して、退職して……とかなんとか、履歴書みたいなレポートがあるのですが、生活史としてはいま一つ。学歴、職歴等、基本事項の正確さは必要ですが、そこに「思い」が込められていないと面白くなりません。入学なり就職なり、それぞれの出来事を、どのような状況で、どう感じ、どう行動したのか、といった話者の主体的な関わりを描いて欲しいわけです。

同じ出来事を体験しているようでも、何歳頃、どこで、どのような立場で体験しているかで、出来事の意味はガラリと変わります。たとえば、同じく戦時中を過ごしていても、徴兵年齢かそれ未満かで、戦地に送られたり送られずに済んだり、その体験は全然違ってきます。あるいは、一九四七年の新制中学校の発足以後、義務教育化された中学校に通った世代と、選ばれし者のみに進学が許された旧制中学校の世代とでは、「中学校」の持つ意味が全く異なります。なので、生年はとても重要。

ついでに、細かい話をすると、第二次世界大戦(一九三九年開戦)と太平洋戦争(一九四一年開戦)の違い、高度経済成長(一九六〇年代)とバブル景気(一九八〇年代)の違い、といった中学の社会でも習う程度の現代史の大まかな流れは、——どれもみなさんが生まれる前のことだから似たようなものと思われるかもしれませんが——キチンと頭に入れておいて欲しいと思います。

最後に、書き出しと締めくくりについて。生活史レポートに限らず、書き出しと締めくくりは、文章の印象を大きく左右します。出だしでつまずいているレポートに良いレポートはまずありません。締めくくりが決まらないレポートも中途半端になりがち。最初と最後はしっかり気合を入れて書いて欲しいと思います。

生活史レポートについていえば、書き出しは、「〇〇（話者）は××年に△△で生まれた」で始めて大過ありません。聞き取りの日の話者の描写から始める、というのも効果的なアプローチ（「土佐源氏」もそうですね）。逆に、「自分の祖父母は既に他界しているので～」といった話者選定の経緯は、それほど重要ではありません（これを面白く書けるのは上級者です）。諸事情あるにせよ、その人に話を聞くと決めたのであれば、その話者を描くことからスタートしてノープロブレムです。

レポートの締めくくりでよく見かけるのは、「以上で祖父の生活史を終える」とか「以上が祖母のライフヒストリーである」というエンディングですが、これはあまりよろしくない。そもそも、おじいさん／おばあさんの人生はまだまだ続くので失礼な言い方ですし、そこまでキチンと書いてきた文章の「勢い」を帳消しにしてしまうリスクがあります。筆者の感想でしめくくる、というのも理論上可能というか全くダメではないのですが、クドくなり過ぎたりクサくなり過ぎたり、うまく着地することは意外と難しいように思います。

比較的上手にしめくくるやり方としては、一つは、今どういう風に暮らしているか、「現在」を描くこと、もう一つは、それまでの人生経験に基づいてアドバイスを述べてもらうこと、この二つがうまく着地が決まるアプローチかと思います。ただ、絶対にこれでなきゃダメというわけではありません。非常に稀ですが、「以上で祖父の生活史を終える」が効果的に決まる場合もあります。いろいろなアプローチが考えられますが、とにかく、書き出しと締めくくりには細心の注意を払ってください。

以上が文章作成の注意点です。力作レポート、お待ちしております。

納め口上

以上が、筆者が担当する民俗学講義の期末レポート課題「おじいさん／おばあさんの生活史」の課題説明である。理論的にも実践的にも考えるべき論点がなお山積していることは百も承知だが、それもこれも、実践と作品を積み上げていくことでしか解決しないのではないか、というのが愚見だ。なので、「この程度でもできないことはない」というミニマルなラインを臆面もなく披露した次第である。乞御批正。

最後に、この試みを十数年続けてきた雑感を書き連ねて本章を閉じることとする。

まず、このライフヒストリーレポートは、「聞き書き」の初歩的トレーニングとして非常に効果的だと自負している。筆者が担当する受講生は、国籍も出身地もさまざま、専門も文系理系の各方面にわたるが、おおむね順当に生活史を書き上げてもらっている。「面白かった」「知っているつもりでいた祖父母にこんなに知らないことがあったと驚いた」という感想が例年寄せられているので、なにがしかの「学び」を与えられているのだろう。それなりの確率で。

次に、これが生活史ジャンルの拡大発展につながっているかといえば、ボチボチつながりつつあるのではないかという感触を得ている。[10] 一人だけ特筆すると、医学部一回生の時に生活史レポートに取り組んだ木谷百花は、その後も聞き書きに関心をもち続け、世界各地で活躍するフィールドワーカーたちからのインタビューをまとめた『旅するモヤモヤ相談室』(世界思想社、二〇二三)を上梓した。医学部生が医師国家試験をクリアしつつ編著を刊行したことは驚異的であり、筆者の貢献はさしたるものではないのかもしれないが、まずは「後生畏るべし」と喜んでいる。

最後に、それなりに手ごたえのある筆者の「書かせ方」も、まだまだ改善の余地は少なくないと感じている。というのは、今年、前年度の受講生が書いた口語文体の作品を印刷配布して紹介したところ、口語文体の優秀作品が激増したからだ。こうしたスタイルがあり得ることは、「土佐源氏」で紹介済みと思っていたのだが、「先輩の作品」のほうが参考作としてははるかに役立ったらしい。こういった作品例の紹介で「書かせ方」をアップデートすることもできそうだ。

参考まで、受講生に配布した作品の冒頭を掲げて本章を閉じよう。どことなく「土佐源氏」を思わせないではない。

小さいころからの人生いうてもな。そんなに覚えてることも無いんやけど。小学校までは後から人に聞いた話ばっかりやわ。お前、五歳の時の話覚えてるか？　覚えてへんやろ。ほたらこんな爺は覚えてへんわな。おう、もう始めてええんか？

生まれたのは一九四二年や。百姓の家の分家筋でな。一番上が兄、次が姉、末っ子が俺や。家の場所？　羽倉（羽倉崎町）やがな。昔は出村いわれとったとこな。昔いうても、俺の祖父母らがいうとったぐらいやから、相当昔の地名やけどな。そんで、五歳の時に父親が亡くなってな。顔も思い出されへん。もともと身体が弱くてな。戦争も行かんかったんやけどな。亡くなった時はまだ五歳やったから、なんもわからんで、家にいっぱい人が来て喜んでたらしいわ。そういえば、あの頃は死んだら丸い棺桶に座って入っとったんやで。それを肩に担いで海辺の火葬場に運ぶんや。俺は先頭で藁持って歩いとったらしいわ。なんの意味があったんかは知らんけどな。いや、意味がわからんのは今もかな。(11)

付　記

本章は、菊地（二〇二三c）を加筆修正のうえ転載した。

注

（1）生活史／ライフヒストリー、口述史／オーラルヒストリー、ライフストーリー、オーラルドキュメント、等々、このジャンルを指し示す用語はいろいろあり、かつ、ニュアンスの差異があることも承知しているが、本書では生活史／ライフヒストリーという用語を採用する。

（2）筆者が公刊したライフヒストリー作品は、菊地（二〇〇〇）のみだが、菊地（二〇〇一）における伝承者の記述など、フィールドワークをベースとした拙論の多くは、何らかのライフヒストリー的記述を含んでいる。

（3）理論的貢献の程度は不明だが、菊地（二〇一五）、同（二〇二二b）、同（二〇二三a）、同（二〇二三b）などの論考がある。

（4）菊地（二〇二二a）は、京都大学、龍谷大学、大阪市立大学などで筆者が担当する民俗学講義の半期分の内容をまとめたものである。

（5）宮本常一の「土佐源氏」の創作性／フィクション性についてはすでに多くの議論が積み重ねられているが、文体／スタイルの一例としてここでは取り上げる。井出（二〇一六）参照。

（6）安田（二〇二二）は、パソコンやネットを前提として作文技術を考える参考となる。

（7）同論文は宮本・安渓（二〇〇八）に再録されている。

（8）菊地編（二〇一四～現在）。国立国会図書館のほか、いくつかの大学図書館に所蔵されている。

（9）注2参照。

（10）これについては、菊地・中元・木谷・佐藤・齊藤・中野（二〇二四）で論じる予定である。

（11）海老原結斗　二〇二二「祖父：大阪府泉佐野市農家息子／機械技師」（菊地暁編『ライフヒストリーレポート選二〇二二』京都大学民俗学研究会　九三頁）。

第二講　生活史《ライフヒストリー》レポートの無謀と野望――柳田民俗学を「追体験」する

菊地　暁

はじめに

生活史《ライフヒストリー》は民俗学固有の対象／方法ではなく、また、民俗学において一般化されたものでもない。歴史学、人類学、社会学、心理学など、隣接諸科学においても生活史は相応の蓄積を有し、また、民俗学内部においても関心と活用の度合いはさまざまだ（小林編 二〇一〇）。とはいえ、生活史への民俗学接近が、固有の歴史的事情の結果、いくつかのユニークな作品に結実したことは一考に価する。私見では、生活史は、民俗学が自然主義文学を否定的媒介として成立する経緯を反映するもののように思われる。

そう考える契機となったのが、筆者の担当講義の課題「生活史レポート」である。受講生に祖父母の生活史を書かせるという課題を実施するなかで筆者が直面した問題は、「個体発生は系統発生を繰り返す」というテーゼのように、民俗学の創始者・柳田国男が全国各地の民俗学徒を糾合するにあたって直面した問題に近似するものとなった。本章では、この「生活史レポート」の経験を柳田民俗学の形成過程に重ね合わせることを試み、民俗学の発生を「追体験」してみたい。

一　もうひとつの自然主義――柳田国男の文学的半生

まず、柳田の文学的半生を確認しておこう。八十八年の彼の生涯は、幼少期（一八七五～九〇）、文学の時代（一八九〇～一九一〇）、官僚の時代（一九〇〇～一九）、記者の時代（一九二〇～三〇）、民俗学の時代（一九三〇～六二）に大別し得るが、このうち、文学との交渉が密なのはその前半生である（以下、井口編 二〇〇五、伊藤編 一九九八、大塚 二〇〇七、小澤 一九八〇、高木編 二〇〇六、野村他編 一九九八、柳田国男研究会編 一九八八など参照）。

柳田は一八七五年、兵庫県辻川村（現・福崎町）にて、父・松岡操、母・たけの六男（兄の早世のため事実上三男）・松岡国男として誕生する。父・操は医術を修めるも世渡り下手で教師や神職を務め細々と生計を立てた人物で、晩年の国男が自らの生家を「日本一小さい家」と称したのはレトリックに過ぎるきらいがないではないが、決して裕福な家庭でなかったことは事実である。にもかかわらず、長兄・鼎は医者となり、次兄・井上通泰も医業の傍ら歌人・国文学者として名を馳せ、弟・静雄は南洋研究に足跡を残した海軍軍人、末弟・輝夫（映丘）は日本画の大家と、兄弟たちはそれぞれ多彩な才能を開花させることとなる。

国男は一二歳の時（一八八七）、茨城県布川に開業した兄・鼎のもとに身を寄せることとなり、それまでに習作した題詠の和歌、漢詩、漢文を『竹馬余事』という私家版の冊子にまとめている。当時としてはさして珍しくないことだろうが、幼少期から古典的教養を身につけつつあったことを確認できる。なお、布川では、間引きの様子を描いた「子返しの絵馬」を見、また、小祠のご神体に触れて昼間に星空を幻視するなど、後の民俗学につながる重要な体験があった。

一八九〇年、一五歳の国男は東京で医業を営む次兄・井上通泰のもとに上京、翌年には開成中学校に編入学、以後、第一高等中学校（一八九三〜九七）、東京帝国大学法科大学（一八九七〜一九〇〇）と順調にエリートコースを突き進んでいく。この学生時代が国男の最も文学創作に没頭した時期である。上京と同じ年に兄・通泰と親交のあった森鷗外（一八六二〜一九二二）を訪問、鷗外が創刊した文芸誌『しがらみ草紙』に和歌を発表する。その翌年（一八九一）には桂園派歌人・松浦辰男（萩坪）（一八四三〜一九〇九）に入門、兄弟子・田山花袋（一八七一〜一九三〇）とも知遇を得、同門の若手サークル「紅葉会」にも入会する。一高在学中の一八九五年一一月にはロマン主義者の牙城ともいうべき『文学界』に新体詩「夕ぐれに眼のさめし時」を発表。一高卒業前の一八九七年四月には、国木田独歩（一八七一～一九〇八）、田山花袋らとともに『抒情詩』（民友社）を発表、同年八月刊行の島崎藤村（一八七二～一九四三）『若菜集』とともに、代表的な新体詩集となる。一八九八年、国男が三河伊良湖岬に逗留した際、漂着した椰子の実を見つけた体験が藤村につたえられ、童謡「椰子の実」ができあがったことは、彼らの交流を伝える有名なエピソードである。

なお、国男は当時、「恋愛詩人」として相当に高い評価を博していたが、大学卒業を前に詩作からきっぱりと足を洗う（和歌は生涯続ける）。その後、自らの新体詩を、与えられた題を詠んだだけの内実のないもの、さしたる価値のないものとし、子孫に誤解を与えるという理由で『定本柳田国男集』などの著作集に収録を拒み続けたことはこれまた有名な話だが、近年、田山花袋宛の書簡が公開されたことで、その恋の歌が決して「題詠」ではなく切実な苦悩があったことが明らかにされている（岡谷 一九九六、桑原 一九七六）。

一九〇〇年、大学を卒業した国男は農商務省に入省、一九〇二年には内閣法制局に転じ、一九一四年には貴族院書記官長に着任、順調に高級官吏としての道を歩んでゆく。この間、一九〇一年に大審院判事・柳田直平の養子となり柳田に改姓、一九〇四年に直平の娘・孝と結婚している。

この時期、既に創作から遠ざかっているものの柳田は依然として近代文学の同伴者だった。一九〇一年、養家・柳田家が、婿殿・国男の居心地をおもんばかって、柳田邸で親しい友人たちを招いた文学談話会を開催するようになると、翌年には参加者多数のため外食会となり、やがて洋食屋「龍土軒」を会場とすることから「龍土会」と称されるようになる（一九一〇年まで継続）。この会は、柳田の視察旅行の見聞などが語られたため、小説のネタを拾える場所というウワサがたち、一大文学サロンに発展した。このほか、一九〇七年から一年間あまり、月一ペースで「イプセン会」なる会合も開催され、柳田が運営を担っている。柳田は文学作品こそ書かなくなったものの、花袋の主幹する『文章世界』誌に「写生と論文」（一九〇七年二月）、「読者より見たる自然派小説」（一九〇八年四月）、「事実と興味」（一九〇八年一〇月）、「言文の距離」（一九〇九年一〇月）など、一連の文芸批評を発表、未だ文学に多大な関心を有していた。

こうした文学への傾倒に終止符を打ったのが、柳田学最初期の金字塔『遠野物語』（一九一〇）であり、これが日本的私小説の嚆矢・花袋の『蒲団』（一九〇七）に対する応答であったことは、柳田研究の通説となっている。『故郷七十年』（一九五九）に以下の回想がある。

「蒲団」が出た時は、私はあんな不愉快な汚らしいものといって、あの時から田山君にけちをつけ出した。重要な所は想像で書いているから、むしろ自然主義ではないことになる。〔中略〕その後に、いわゆる私小説のような、何にも何処にも書き伝うべきものがなくても、毎日々々ぼんやりして考えていることを書きさえすれば、小説になるというような傾向を生じたが、あれはどうも蒲団なんかがその手本になり、こんなことまでも小説になるという先例になったと私はみている。それで私はよく田山君の顔をみると「君が悪いんだよ」などと無遠慮にいったものである（柳田國男全集、筑摩書房（以下、「柳全」。続く数字は巻数と頁数を示す）二一：一五七〜一五八）。

ところで、日本的私小説の鼻祖・花袋が、「蒲団」以前、柳田国男をモデルとした小説を数多く書いていること、若く才気あふれるハンサム文学青年／官僚たる柳田が花袋の憧憬の対象であったこと、その憧憬を破って不格好な文学中年・花袋自身をモチーフとした時、花袋の文学的新展開が切り開かれたことは、知る人ぞ知るところかと思われる。じつは柳田は、四歳年長の花袋を自らの文学的追従者とみなしていたフシがないではなく、また、自らがモデルとされることもある時期まで容認していたらしいのだが、そうした関係が、「蒲団」によって転調していったわけだ。

そして、この頃から『遠野物語』の作業が着手される（石井 二〇〇五）。一九〇八年一一月、柳田は水野葉舟（一八八三〜一九四七）の仲介で、岩手県遠野出身の文学青年・佐々木喜善（鏡石）（一八八六〜一九三三）と出会い、翌年二月より、喜善の故郷・遠野に伝わる怪談奇談を書き留めるようになる。同年八月には遠野を訪問。さらに翌年六月には『遠野物語』三五〇部の自費出版に至る。山人、河童、オシラサマ、ザシキワラシと異類異形の者どもが登場するこのテクストは、その擬古的な文体の効果とあいまって、一見、単なるファンタジーにしか見えないものである。だが、その戦闘的な序文は、これがどこまでも「目前の出来事」「現在の事実」であるという一点においてその存在意義を主張する。すなわち、どこまで荒唐無稽な内容が語られていようとも、それが岩手県遠野に住む同時代人によって信じ語られている言説だという一点において、間違いなく「現在（明治四〇年代）」を描いた作品なのだ。献辞の「此書を外国に在る人々に呈す」（柳全二：七）、序文の「願はくは之を語りて平地人を戦慄せしめよ」（柳全二：九）という文言は、外国の文学にかぶれ、日本の現実を顧みず、内面描写にばかり明け暮れる都会の自然主義文学者たちに、その「現在」で挑発しようという宣言なのだ。

つまり、花袋と柳田は、「自然主義」という理念を共有しつつ、その「自然な描写」によって何を描くべきかという記述の対象において相反した、と、まとめることができる。自らの「内面」を赤裸々に描き出すことに新境地を見い出した花袋と、日本という国土が抱え込む異類異形をも含み込んだ重層的な「風景」こそ課題だと考えた柳田、という具合に。あるいは、個の内面を描き出した田山が「私小説」の創始者なら、柳田は、遠野という共同体の抱え込んだ共同幻想を描き出そうとした点において「公小説」の創始者なのだ。なお、『遠野物語』の解釈をこの方向に推し進めたのが吉本隆明『共同幻想論』（一九六八）であることは周知のことだろう。

こうして、柳田の「文学の時代」は終わりを迎える。その文学研究＝口承文芸史研究が本格化するのは一九三〇年代以降のことであり、また、柳田が文学作品を読まなくなるわけではないのだが、彼が近代文学の創作と批評、そして文学者との交流から一旦は距離を置いたという意味で、画期があったことは確かである。もとより、柳田の学問的挑戦が始まるのはむしろここからであり、そしてそのために「紀行であり、研究であり同時に社会批評である、それが分離してはならない文章を作り出すことに苦心していた」（益田 二〇〇六b：三三七）という点において、依然として「自然主義」の影響下にあった。一九三〇年、花袋の死に際して書かれた「花袋君の作と生き方」（一九三〇年五月一九～二一日東京朝日新聞）は、柳田が花袋と「自然主義」をある部分まで共有し、そこから道を分かった同志であることを率直に吐露している。

いはゆる自然主義の流行をもつて、単なる明治文学史のある一期の現象のやうに解することは、今は何よりも事実がこれを許さぬであらう。人がこの名前を喜んで名乗るか否かは別として、兎に角文芸に趣向といふ語が、入用で無くなつたのはあれからであつた。自分で観て来た感じて来たといふことに、大きな尊敬が支払はるゝのみならず、しば〳〵その報告の精密と真率さが、技巧の欠乏を補ふといふよりも、寧ろ技巧そのものとして受取られることになつたのもあれ以来のことである。新たなる人間記録はかくの如くにして、尚この上にも集積せられんとして居る。
（柳全 二八：二七九）

この「新たなる人間記録」が後に「民俗学」として指し示される実践であることは、いうまでもないだろう。すなわち、「民俗学」は「もうひとつの自然主義」なのだ。

二　柳田民俗学の制度化戦略――「資料保持者」を「研究分担者」に

ここで柳田民俗学の形成に話を移そう。

『遠野物語』(一九一〇)をはじめとする初期三部作、新渡戸稲造らによる郷土会(一九一〇〜一九)、高木敏雄との共編による雑誌『郷土研究』(一九一三〜一七)、これらの契機を通じて着手された柳田の民俗学研究は、国際連盟委任統治委員としての渡欧(一九二一〜二三)により一時停滞の相貌を見せる。しかし一九二三年、関東大震災後に帰国した柳田は、「ひどく破壊せられている状態をみて、こんなことはしておられないという気持になり、早速こちらから運動をおこし、本筋の学問のために起つという決心をした」という(柳全 二一:一九九)。これ以降、柳田は己の全精力を傾けて「本筋の学問」へと疾走する。

その試みが一つの学問体系として姿を現し始めるのが一九三〇年代前半である。独自の方法論を説いた『民間伝承論』(一九三四)の発表、『山村語彙』(一九三二)を皮切りとした基礎資料の整備、「山村調査」(一九三四〜三六年度)をはじめとする組織的調査の実施、等々、この時期、柳田は自らの思い描く民俗学プログラムを体系化させ、その人的および情報的配置を着実に展開させせつつあった。

そしてそのピークが、柳田還暦を記念した「日本民俗学講習会」の開催、そしてそれを契機とした「民間伝承の会」設立である（一九三五）。

ここできわめて概略的に民俗学の基本原理を確認しておくと、民俗学とは、「普通の人々」の「普通の暮らし」が現在に至るまでどのような変遷を重ねてきたかを問う学問である。そしてそのためには、識字層という「特別な人々」による「特別な出来事」の記録たる文字資料だけでは不十分で、その欠を補うために「普通の暮らし」そのものを資料（＝民俗資料）として調査分析することになる。つまり、現在を生きる「人々」そのものを「資料」と見立て、その採集と比較を通じて現在に至る変遷をあぶり出そうというわけだ。

このため、「三部分類」が要請されることとなる。目に見えるので誰でも採集できる「有形文化」、耳に聞こえるので言葉を解する者が採集できる「言語芸術」、見えも聞こえもしない内面の出来事なので当事者本人が採集するしかない「心意現象」、という、資料の存在形態／採集感覚／採集主体の差異に基づく三つの位相が設定される。そしてその最終段階たる「心意現象」を観察しうる当事者自身（＝「郷土人」）を研究に動員することが、民俗学発展の重要な戦略となった。いわば、「資料保持者」を「研究分担者」に変えることが民俗学という運動体の生命線だったのだ。

そのための一大イベントが、上記、柳田還暦記念「日本民俗学講習会」である。東京青山の日本青年館に、全国からの参加者一五〇名あまりが一堂に会し、一週間にわたって講演と談話会を実施する。空前絶後の「民俗学ライブ」だった。

参加者たちはこの講習会に何を見出したのか。一か月後、速やかに創刊された『民間伝承』の第一号（一九三五年九月）には「会員通信」として次の言葉が寄せられている。「あの画期的な民俗学講習会を聴講して、種々の啓蒙を得、その感激と斯学に対する熱のほとぼり未ださめやらぬうち」（熊本　八木三二）、「今回の講習会は非常に刺激の多いもので我々もヂットして居られぬ気持にされました」（長野　箱山貴太郎）、「この機運に私共の学校にも婦人の民俗学研究の集まりをつくりたいものです」（鵠沼　平本よし子）。他の多くの参加者も、同様に「熱のほとぼり」を感じ、民俗資料の「採集」を自らの課題と受けとめるに至ったと推察される。

世話人の一人・比嘉春潮は名著『沖縄の歳月』（一九六九）で次のように述べている。

私は東京に出てから、沖縄の言語や民俗を対象とする学者にしばしば接触するようになったが、そういう場合、私はいつでも単なるインホーマント（資料提供者・報告者）であった。柳田先生に対しては、とくにこの限界を守ってきたつもりである。民俗についても言語についても、私は自分の出身地である首里と西原を中心とする地域に限って、私自身の直接見聞きし、体験したことだけについて話す。ことばのこと、習俗のこと、いろいろな祭りや行事のこと、その場合自分の実際に知らないところや、経験の範囲を越える古いことについて、聞き伝え、憶測、想像などで発言するのは危険である。私は首里や西原以外については極力発言することを避け、また私の時代にはもうなくなっていた習俗で、父から聞いたことについては、はっきり区別するというように、インホーマントとしての限界を守ったつもりだ（比嘉一九六九：一八八〜一八九）。

自らの生地のみ、しかも「経験」のみを正確に語り、それを越える範囲を語ろうとしない比嘉のあり方は、柳田にとってもっとも都合良く規律訓練化された主体といえるだろう。そしてそのポジションを、比嘉は自ら積極的に「守ってきた」のだ。自らを柳田プログラムに主体化する「話者」という快楽を見出した比嘉が、ここにいる。そしてその快楽は、講習会、それに続く民間伝承の会の組織化を通じ急速に拡大したのである。

しかしこのことは、柳田、そして民俗学にとって「成功」だったのだろうか。民俗学講習会で「昔話の採集」を講演し、後に柳田から破門された関敬吾は次のように回想する。

木曜会員がそれぞれ専門を異にしていたにもかかわらず、ほとんど議論がなかったんです。先生のお話を一言一句聞き逃すまいと熱心に聞いていていただけでした。そういう木曜会の雰囲気は、後に民俗学会となってから年会が開かれたときでも、ある発表があると、それに対する具体的な類似の資料をあげて、自分のところはこうだ、どこの山村ではこうだといった程度の報告しかないんです。それで、結論とか方法に対する質疑はほとんど行われなかった。そういうことは、おそらく先生が日頃、急速に結論を出すものではないといわれていたことを反映してたんじゃないかと思います（関 一九八一：一〇〇〜一〇一）。

多くの人が集い言葉を重ねたはずの木曜会は、決して「対話」の場ではなく、話者たちが「師説」を拝聴して自らの情報を提供する、一方通行のモノローグ空間だった。そしてその空間が、講習会、民間伝承の会、日本民俗学会と続く組織化の過程で拡大しただけなのだとすれば、それは対話的理性を欠く、歪んだ「楽園」を築いただけのことかもしれない。「日本全国総話者化《インフォーマント》」。柳田の思い描いた「採集の学」は、結局のところ、そうした帰結を避けられなかった。それが意図的だったか否かはともかく。

三　民俗学における生活史——宮本常一をめぐって

やや先走ってしまったが、「一将功成って万骨枯る」という柳田学への批判が成立する経緯は、以上のようなものである。柳田に資料提供する全国各地の民俗学徒はほとんど「無名戦士」と化し、柳田ただ一人、膨大な著作を世に残し得たわけだ。

それはさておき、こうして柳田民俗学における全国各地の民俗学徒の「動員」は、民俗をめぐる情報の生産・流通構造であることは事実だが、「生活史《ライフヒストリー》」のそれではない。というのも、柳田は「郷土人」に自らの生活体験の報告を求めたが、それはあくまで比較により「日本」という歴史／全体を構成するためのパズルピースとして必要だったからであり、そこに個性は「なくてもよい」というよりむしろ「ないほうがよい」要素だったからだ。石母田正、中村哲との鼎談「ほんとうの歴史」（一九五三）でも柳田は次のように述べている。

> どこの国のどこの歴史にもあるが、日本の国は歴史に癖がある。人物伝に片寄りすぎる。神武天皇このかた人物を中心にしている。あれを捨てなければほんとの歴史は書けませんね。いままでの歴史は政治に対して重きをおき過ぎている。殊に近来の歴史はそうですよ。人を中心にして――つまらない人ならいゝが、偉い人を中心にして、秀吉を離れてとても桃山文化は書けない、家康を閑却しては江戸の初期は書けない。これが日本の非常に悪い点。（柳田他 一九五三：六）

そんなわけで、柳田民俗学から生活史へと直接つながっているわけではない。

だが、たとえ、データの分析段階で「個人／個性」が不要だとしても、調査者が調査で出会う現実の話者は疑いようもなく「個人／個性」であり、そしてその出会いを実直に記述した報告も存在した。宮本常一『河内国滝畑左近熊太翁旧事談』（一九三七）がその好例である。当時、大阪府で小学校教員をしていた宮本は、児童とともに校区・泉北郡取石《とりいし》村の郷土誌『とろし』（一九三七）をまとめるなど、作文教育に多大な関心を有していた。その一方、前述の「民間伝承の会」や「大阪民俗学談話会」といった当時の民俗学運動に携わり、休日を大阪近郊のフィールドワークに費やしていた。そうしたなか、河内国滝畑（現・河内長野市）の古老・左近熊太翁に出会い、そのとどまるところを知らない豊富な話題に引きずられるまま聞き取りを続け、それをまとめたのが上記の民俗誌である。宮本は、「一人一人の一見平凡に見える人にも、それぞれ耳をかたむけ、また心をとどろかすような歴史があるのである。そしてそれを通して世の中の動きをとらえることもできるのでないかと思った」という（宮本 一九九三：九三）。

戦後、この特異な作品が（一部で）脚光を浴びることとなる（重信 二〇〇九、西谷 一九八一、日本民話の会編 二〇〇三、益田 二〇〇六a、松本 二〇一一、吉沢 一九八一）。「民話の会」による雑誌『民話』（一九五八〜六〇）の登場だ。国民的歴史学運動、生活綴方運動など、文化運動の日本回帰、民衆回帰が進むなか、劇作家・木下順二、日本史家・松本新八郎らを中心に一九五二年設立された「民話の会」は、一九五八年より『民話』を発行。この編集を担当していた吉沢和夫が『河内国滝畑左近熊太翁旧事談』を一読、項目羅列に陥らない、個人の生き様に触れた記述に感銘を受け、宮本に執筆を依頼する。この結果、「年よりたち」の連載が始まった。これがまとめられたものが、生活史的民俗誌の金字塔『忘れられた日本人』(一九六〇)である。

『忘れられた日本人』以降、無味乾燥な項目羅列へのアンチテーゼ、生活世界への回帰の旗印として、生活史アプローチは相応に承認され、実践されるようになる。その一方、少なくとも民俗学においては(社会学、人類学、歴史学等に比して)その理論的検討は低調で、また、作品例も決して多いとはいえない。調査において聞き取られる生活史は相当あるものの、作品化されるものがごく一部という状況かと思われる。いずれにせよ、柳田民俗学が生活史に直線的に展開するわけではない。そこには、戦後文化運動との接点など、別の契機が必要だった。

四　民俗学講義の無謀その一——ミニアンケートから

ここで唐突に話が矮小になるが、筆者の「民俗学」講義について述べてみたい。というのも、「個体発生は系統発生を繰り返す」というテーゼさながら、筆者のささやかな講義体験が、柳田民俗学の戦略を追体験するもののように思われるからだ。

筆者が民俗学の「概論」を講義するようになったのは、二〇〇二年度、大阪市立大学(現・大阪公立大学)でのことである(二〇〇九年度より京都大学、二〇一二年度より龍谷大学でも開講)。それ以前にも講義経験はあったが、内容は自分の研究そのままの狭く、深く、マニアックなもの。にもかかわらず、「概論」を要請されたのは、これが学芸員資格取得の一環として開講されていたためだ。半期で一通りカバーせよという指示。このとき、筆者の頭に浮かんだのは、「アチック・文化庁分類」と通称される文化財保護制度のための分類項目である。「衣食住」に始まり「年中行事」に終わる一〇項目の分類は、半期一五回の講義内容としては適当なもののように思われた。初年度、やってみた。だが、実際にやってみると、一コマで「衣食住」を説くことは限りなく不可能に近かった。そこで、その内容をさらに細分することとし（半期で五項目分）、「たべる」「すむ」「きる」「はたらく」「はこぶ」「とりかえる」「血縁」「地縁」「社縁」といった項目となった。これに民俗学方法論の説明やガイダンスを付加し、合計一五回としている。

この講義で、毎回、トピックに即したアンケートを実施している。たとえば、「そだつ」という回に通過儀礼の講義をすると、学生に自身が体験した通過儀礼を回答させる、といった具合である。なぜこれを始めたのか、正確には思い出せないが、おそらく、「出席っぽいものがある」ということが学生に与える緊張感と、アンケートを課すことで時間が潰れることが眼目だったような気がする。学生の理解度の確認という意味もあったかもしれない。いずれにせよ、それほど深い目論見もなく始めたことだけは確かだ。

ところが、やってみると、意外にも非常に興味深い資料が集まってくることがわかった。一例を挙げよう。

［拾い親］私は生まれてから間もなく、親に捨てられた。そしてまた同じ親のもとで育ち、現在に至る。私の母は厄年である三一歳のときに私を出産したため、厄落としをする必要があったそうだ。生まれた子が男の子であれば出産そのものが厄払いになるが、私のように女の子であれば親の厄が子供に移ってしまうと聞き、母は私を捨てることを決めた。母が聞いた話によると、病院から実家へ私が初めて足を踏み入れる（もちろん抱かれて）前に、「家の角」に捨てて、その角の家の人が私を拾って服を着替えさせてから、両親の待つ家に私を連れてきてもらわなければならなかったのだ。一度子供を捨てて、他人に拾ってもらい、改めてその人から譲り受けることで親子の厄が払われるそうだった。その角の家に住む人は私にとって第二の母のような存在で、私を拾ってくれてからも誕生日や入学式や卒業式といった人生の節目にはかならずお祝いをしてくれる。もちろん私は当時のことを覚えていないので、大きくなってからこの話を初めて聞いたのだが、私は家族に愛された幸せな捨て子だったのだなあと思った。（二〇一二年度大阪市大受講生）

正直、驚いた。こうした「儀礼的捨て子」の風習があったことは、もちろん知っていた。しかし、平成生まれの学生が体験しているとは、不勉強にも、予想すらしていなかった。こうした、驚くほど「古風」な実体験が受講生たちからしばしば報告される。しかも、大阪市大は近畿・中国・四国地方を中心に全国から学生が集まっていたため、期せずして、柳田が思い描いていたような「全国的収集」が可能となった。筆者は一介の民俗学徒として、研究者自身によるフィールドワークの可能性を信じ、かつ、折に触れて実践している者であるが、そうした「ファーストハンド」データには劣るにせよ、相応に意義のあるデータが、教室に居ながらに集められることを、遅ればせながらさとったのだ。

そこで筆者は、このアンケートの中から民俗学的に興味深い事例を翌週の講義で紹介し、学生に復習を促すことを試みた。「良いデータ」を誉め、「悪いデータ」をけなす。「文章は簡潔に」「TPOはしっかり書け」「体験を忠実に報告せよ」「無駄な憶測は交えるな」「体験以外のデータはソースを明記しろ」等々、事細かな注意を繰り返し与える。話者の規律訓練。いわば「プチ柳田」化である。柳田は自覚的な方法論に基づく調査の重要性を、終生、口がすっぱくなるほど語り続けるが、それは、柳田に送り届けられるデータの品質改善のための営みだったことに、あらためて気づかされたわけである。

とはいえ、この規律訓練というムチだけでは事は運ばない。もう一方で、そのテーマを観察、報告することの喜びを植え付けなければならない。それが講義の本体になる。かつて、「ぶっ飛んだものを見せていけば、センスのいい学生は、だんだん勉強するようになるよ」と先輩にアドバイスされたのを踏まえ、講義では、できるかぎり「挑発的」な事象を取り上げ、かつ、それと学生自身の生活体験とをリンクさせることを試みている。うまくいくときもうまくいかないときもあるのだが、うまくいったときはアンケートの内容が俄然面白い。ここで再び柳田につなげると、柳田の執筆した膨大な著作は、しばしばエッセイ的で学術論文の体裁をなしていないと指摘されてきたが、これも同様に、全国各地の民俗学徒への呼びかけであり、「あなた方の生活体験は、こんなに面白い歴史の問題につながっているのですよ」と誘って事例報告を促す、一種の誘惑術だったと考えることができる。

ちなみに、セメスターの最後に学生に「感想・要望」を書かせると、講義の内容はともかく、アンケート紹介が面白かった、もっと紹介してほしい、という声がかなりある。

ミニアンケートの集計結果が面白かったです。現在でも住む地域によっては自分が今まで知らなかったような伝統的な習慣が残っており、同年代の人の中にもそういった習慣を経験したことがある人がいるということには驚かされました。

同じ教室の中にも、多様な地域的・文化的背景を持つ人がいる、ということを気づかせることが

（ときどき）できるのは、講師としても「してやったり」である。

五　民俗学講義の無謀その二――生活史レポートから

ミニアンケートによる規律訓練化を踏まえて、期末レポート「祖父母の生活史」を課す。開講当初は試験により基礎知識の定着度を確認していたのだが、実際に答案を見る作業は、学生が「理解していないこと」を確認する作業に近く、非常に消耗した。対して、レポートのほうは、当初、諸事情により試験を受験できない学生のための救済措置として始めたのだが、こちらのほうは、ミニアンケート同様に情報価値があり、かつ、熱心に取り組む学生が多く、いっそこちらのほうが良いのでは、と、全面展開するに至ったわけである。

こちらも、面白いレポートにありつくためには規律訓練が欠かせない。課題の説明には講義一回分を割く。生活史が社会や歴史の変化を「個人」の側から観察した学術報告であり、語り手と聞き手の個別性が重なり合うため、「定型」がないことを確認。その上で下記の注意事項を与える。

・聞き取り調査を実施していること（文献調査を主としたものではないこと）
・家族構成、居住地、学歴、職業等の基本情報を踏まえること

・構成・表現を簡潔にすること
・話者の体験に重点を置くこと（一般的な背景説明は簡潔にすること）
・「感動した」等の記述者側の感情表現は抑制して、感動に価した事実のほうを丁寧に描くこと

このほか、地図や写真やビデオの活用といった技術的アドバイス、調査にあたっての倫理的注意などを与え、希望者には添削もする。参考資料として宮本常一『忘れられた日本人』所収の名編「土佐源氏」の冒頭部も配布する（こうすると、果敢に「語り」文体に挑戦する学生が現れる）。

こうして、学期末には膨大な生活史レポートが筆者に届く。字数は「三千字以上」。二〇一二年の場合、七百人ほど（三大学合計）。七百人の「おじいちゃん・おばあちゃん」の記録と対峙することになる。これを八月半ばの成績提出日までに読み切って採点するのは、正直、とてつもなくしんどい。雑なレポートも多い。後悔することも度々ある。それでもやめられないのは、毎年、一割ほど、非常に優れたレポートに出会うことができるからだ。

例を挙げよう。次の文章は、広島県島嶼部の農家出身男性の聞き書きから抜粋したものである（筆者は京大法学部生）。

そんな中、祖父の通っていた中学校の先生が、突然祖父の実家を訪ねてきたという。盆で祖

父が帰省しているときの出来事であった。
「部屋でのんびりしとったら、親父がものすごい剣幕で部屋に入ってきて、わしはわけがわからんから、もううろたえとるわけよ。『おまえ、学校で何したんじゃ、先生がきとるぞ』と親父がおこっとんじゃが、なんもしとらんけ、もうわけがわからん。ひこずられて、部屋に連れてかれたら、ほんまに先生がおる。なんじゃろと思う間に、親父が土下座しとる。ほしたら、先生が『違うんです』と親父にいうんじゃが、はあ、ききゃあせんよ」
先生がわざわざ島にある父の実家を訪ねたのは、高等学校進学を勧めるためだった。祖父は中学校の中でも格段に成績が良かったらしい。このまま頑張れば、師範学校か帝国大学にもいけるかもしれないとのことだった（菊地編 二〇一四：九四）。

次の文章は、朝鮮半島で神主の息子として生まれた男性が語る引揚体験の抜粋である（筆者は大阪市大文学部生）。

なんとか三八度線へ到着する。そこには国境のイムジン川があり、その河口まで来たが、ここで船に乗るのにまた渡し賃をとられるのだった。ある一人のおばあちゃんが、ここまで来たがお金がなくて乗ることができず、こちらをおがんで「連れて帰ってくれ」と懇願していた。

しかし皆自分のことで精いっぱいで、とても他人に手を貸す余裕はなかった。晨茨［話者］たちは渡し賃を出して船にも乗せてもらえた。朝鮮貯蓄銀行に勤めていた姉が、引き揚げ前にお金を一気に引き出していたので、大家族だったがなんとかお金はあったのだった。

ついに川を越えたところには米軍のキャンプがあり、人々はぞろぞろとテントの中に入ってゆく。中に入ると、突然白い粉を頭からかけられた。ＤＤＴ（殺虫剤）である。ここで晨茨は屈辱とともに「敗戦」を実感したという。だがこれがシラミにはよく効いた（菊地編 二〇一四：一四〇）。

次の文章は、タイ出身、香港在住の華僑女性による戦争体験の語りである（筆者は京大工学部生）。

香港に着いてから、おばあちゃんは家族と、九龍城という場所にあった唐楼（アパート）に住んでいた。しかし、何年も経たず、戦争が起こり、香港が日本軍によって占領された。

「本当に怖かったわ、あの時期……イギリス軍が日本軍と対戦していたとき、毎日射撃や爆発の音が聞こえた。で、ある日、突然、イギリス軍が戦争に負けたと聞いて、日本軍がやってきた。日本軍が香港に来てから、悪いことばかりしたのよ。各家庭は娘たちを家から出すな！ 強姦されるぞって言われた。だから、戦争が終わるまで、外へ出ること、一〇回もなかったかもし

れない」（菊地編 二〇一四：一六六）

こうした生き生きとした記述が、採点の苦労を一瞬忘れさせる。

この生活史レポートに関しても、学期末にアンケートすると、最初は意味がわからなかったが、実際にやってみて、大変興味深く、有意義だった、という声が相当ある。

今回の講義では毎回小レポートを書いたのが印象に残っています。いつもコミュニケーションカードなので、私としては授業にでてその時思った事を書きたかったので、最初はどうしてメールなのかなと不思議に思っていましたが後になるにつれ、授業の後で落ち着いてから家で家族に質問したりしてレポートをつくりあげていくことは普段会話の少ない私の家庭ではかなり新鮮で楽しいものでした。特に最終レポートにおいては病気の祖父が昔話をしながら笑ってくれたことが本当にうれしくて正直感謝の念でいっぱいです。先週祖父はやはり亡くなりましたが私と祖父との本当にいい思い出になりました。なのでこういう、家族とのコミュニケーションを必要とする課題がこの講義では特に良かったと私は感じています。先生も含め家族ともコミュニケーションができた講義は初めてでした。本当にありがとうございました。（二〇一二年度受講生）

学生の家族関係にもけっこう影響を与えているようである。こうした「ご好評」に応え、懲りもせず、生活史レポートを課し続けている。毎年、採点期間に自らの「無謀」を後悔しつつ。

おわりに――民俗学的啓蒙という「野望」

以上、柳田民俗学の形成過程に拙い講義体験を強引に重ね合わせてみた。ミニアンケートと生活史レポートという実践が、きわめて小規模ながら、柳田国男が民俗学を立ち上げるにあたって直面した困難と愉悦を「追体験」させてくれるように思えたからだ。すなわち、学生を話者化するためには周到な規律訓練化が不可欠であり、同時に、学生を報告へと動機づけるアトラクティブな主題の提示が必要となる。その結果として産出された表象は、民俗学の資料として一定の価値を持つとともに、その産出を担った学生に、個々人が身体化する歴史の重み、同時代における文化の多様性など、さまざまな「発見」を促し得るものなのだ。

とはいえ、これは「一将功成って万骨枯る」という柳田の過ちを縮小再生しているだけなのかもしれない。あえて柳田になりかわって弁明すれば、全国各地の民俗学徒によって提供される膨大な民俗資料を比較分析して新たな歴史叙述を生み出す権能は、「理論的には」柳田のみに与えられたものではなく、民俗資料の提供者全てに開かれたものだった。ただ、歴史的に具体化された民俗学運動において、その権能は柳田に一局集中することとなったし、柳田自身の振るまいがそれを助長したことは否めない。そして筆者自身が、その陳腐な反復と化しているかもしれないという疑念は、正直、ある。

それでもなお、試みる意義はありそうだと感じているのは、現在の大学生の観察力、記述力、歴史意識に対する危機感からだ。自らの生活体験を客観化し、他者と比較し得る視座を獲得すること。祖父母の生活史を媒介に、大文字の「歴史」が自己と無縁ではないと確認すること。民俗学が担い得るのは、そうした生活世界に根ざした観察力、記述力、総合力の涵養、つまるところ、広義のリテラシー教育である。歴史が生身の人間たちによる膨大な営みの堆積であることを確認させ、自らもその要素であることを実感させること。これが、生活史レポートの「野望」である。

もとより、たかだか教養課程の一講義に過ぎない。その限界は明らかだろう。みんながみんな「啓蒙」されるわけではないし、「伝統」賛美その他の勘違いを惹起しないとも限らない。それでも、この微々たる「民俗学的啓蒙」を、いましばらく続けてみたいと思っている。大学に進学してくるほどの知性に希望を持てないとすれば（持てなくなりそうなことはしばしばあるのだが）、それはこの社会に希望を持てないということと同値なのだから。

付記

本章は、菊地（二〇一五）を一部修正のうえ転載した。

第三講　道産子が民俗学を学んで『ライフヒストリーレポート選』を編むまで

菊地　暁

はじめに——道産子に民俗学は無理⁉

民俗学は、「資料としての私（たち）」から出発する学問である。そのためには、自らに刻み込まれた「歴史」を解き放つべく、自らの五感を研ぎ澄ました観察力を錬磨することが要請される。同時に、同じく「歴史」を刻み込まれた他者との比較が必須となり、「資料保持者」としての一人一人が「研究分担者」として採集と比較の実践に参加することが要請される。民俗学は自らの資料性を媒介として認識を立ち上げる方法論的挑戦であり、それがとりもなおさず、そのような方法的主体の連携を構築する運動論的挑戦ともなるのだ（菊地 二〇二二a：二三三〜二三四）。

拙著『民俗学入門』（二〇二二）は、斯学の特徴を以上のように論じた。[1] 柳田国男が『民間伝承論』（一九三四）で示した「民俗資料」「三部分類」といった民俗学方法論を二一世紀において引き受けるとすれば、このようにならざるをえないのではないかというのが私の考えである。ただ、ここに至る経緯――「常民」概念[2]や「伝承母体」論[3]や「ヴァナキュラー（vernacular）」論[4]といった民俗学の方法論争との関係――を明示できなかったことは、紙幅の関係とはいえ確かに不親切だった。なので、本章ではもう少し踏み込んで説明してみたい。ただし、私が民俗学を学んだプロセスを述べることによって。あえて気恥ずかしいアプローチを選ぶのは、高取正男の「自分もモルモットの一人なんだという自覚」という提言にならうが故だ（川添他 一九七六：二七三）。

というのも、民俗学のあり方には、私のような道産子にとって看過できない問題がある。それは、北海道出身の山口昌男に柳田国男が「君は北海道か、じゃあ民俗学は無理だね」と語ったことだ。[5] 道産子に民俗学は無理なのか。それはなぜなのか。そのような特定の主体を排除する民俗学とは、本当に学問なのか。さまざまな疑問が湧き起こる。

かつて、「モダン」な北海道に育った私は、進学先の「内地」に息づく「プレモダン」な淫祠邪教《いんしじゃきょう》に圧倒され、民俗は自分とは関わりがない「異文化」のように感じていた。しかし、大学院に進み、能登半島や大阪近郊の民俗調査に参加すると、淫祠邪教と思われた「内地」が単純なプレモダンではなく、北海道が純粋なモダンでもないことに、徐々に気づかされるようになった。濃淡はあれ、人はプレモダンとモダンの折り重なった現実を生きている。であればこそ、それを捕捉するためには「大きな網」を用意しなければならない。それが、「資料としての私（たち）」という方法的立場だ。そして、生活史《ライフヒストリー》というスタイルは、その有力なアプローチとなり得るように思われる。

以下、このような理解に至った経緯を述べ、「資料としての私（たち）」について考えてみたい。

一　皿洗いバイト、ミンゾク学を志す

「旅がしたい」。そう思った道産子は「内地」の大学を受験することにした。小樽で一〇年、札幌で八年を過ごした私は、一九八八年、京都大学文学部入学、左京区北白川西町のアパートに居を定める。町中が寺社であふれ、路傍のそこらじゅうに地蔵祠や小鳥居のひそむ京の街なみは、どこまでもモダンな北海道に育った身にとって「淫祠邪教」そのものだった。こうした「異文化」の真っ只中で、大学生活のスタートを切った。

当初、日本史、東洋史、考古学……と、漠然と歴史学を志望した。民俗学というガクモン(6)の存在ぐらいは知っていたが、開講科目もなく、勉強しようと思うこともなかった。ただ、教養部で開講されていた上田正昭先生(7)の古代史が人気講義で、そのヨタ話で、先生が國學院大學時代に学んだ折口信夫や、その頃に知遇を得た柳田国男の話を聞かされ（いわく、折口先生は学問・人格ともに素晴ら

しかったが、柳田先生は学問はともかく人格は……以下略）、民俗学が「先生の先生」によるガクモンとして、ちょっとだけ身近に感じられるようになった。

とはいうものの、学部時代はバイトに明け暮れたというのが本当のところである。金とメシを求めて門を叩いた京大生協・中央食堂の賄い付きバイトで、四年間、みっちり働くこととなったのだ（この体験が『民俗学入門』の一節になるとは思いもよらなかった）。バイトでは、学部も回生も異なる友人に恵まれ、一学年上の農学部生・高村竜平さんから、宮本常一などミンゾク学のあれこれを教えられた。この高村さんは、後に韓国をフィールドとする人類学者となった。(8)

フィールドワークのようなことも、後から振り返ると、やっていた。生協委員をしていた関係で大学生協機関誌『らいふすてーじ』に京都市内の地域紹介記事を取材して書いたり、クラスメイトに誘われて入った地理学サークルで和歌山県太地町に泊まりがけで調査に行ったり、四回生の時に履修した米山俊直先生の文化人類学実習で賀茂川上流の雲ケ畑の調査に行ったり。雲ケ畑調査には、後に滋賀県知事となる嘉田由紀子も参加しており、話者の前でラップトップのパソコンを開いて、聞いた話をそのまま打ち込むという当時としては斬新な調査手法を目撃した。楽しい経験だったが、調査して成果をまとめるという自覚は、この時点では乏しかった。

いろいろあったが、自分がミンゾク学を学ぶことになったのは、「社会史」ブームの影響が決め手だったように思う。三回生から国史学を専攻した私は、何を思ったか中世史で卒論を書くことに決め、先行研究を読み進めていくうちに、「社会史」が面白いと思うようになった。当時、どういうわけか「社会史」は関西では流行らず、網野善彦はじめ、活躍するのは東京方面の研究者ばかり。そうした論者たちが、絵画資料や民俗学の知見を活用し、魅力的な歴史像を打ち出していた。こうして私は、「社会史」経由でミンゾク学の魅力に開眼した。今にして思うと、不勉強で文献史学の可能性に気づいていなかっただけの気もするのだが。

結局、中世の晒し首行事〈大路渡《おおじわたし》〉を題材とした卒論「大路渡とその周辺」を書き上げて国史学専攻を無事卒業。(9) この時、京大人環（京都大学大学院人間・環境学研究科）の文化人類学専攻はまだなく、国史学の院に籍を置きつつ民俗学を学ぶことも不可能ではなかった気もするが、(10) そもそも大学院で学ぶということがどういうことかも、あまり考えもせず進学してしまったのだからどうしようもない。ミンゾク学を学べるらしい大学院として大阪大学の日本学科を発見、四年間学食で皿を洗っていただけの私は、何かの間違いで院試に受かり、大学院に進むこととなった。

二　やさぐれ院生、ミンゾク学を批判する

一九九二年、大阪大学の院に進学してみて、同じ旧帝大でも随分違うということに改めて気づかされた（先に気づけよ→自分）。新入生の図書カード発行が五月にずれこみ、一か月丸々図書館が使

えないのは文系院生になんたる仕打ちと憤りしかなかったし、そもそも文学部設置が戦後になる阪大は、人文系図書の蓄積が相当見劣りした。また、当時豊中キャンパスにあった学食は、待兼山の上でワン・アンド・オンリーの独占的食糧供給インフラであったため、家畜のエサかと思われるようなメニューすらも甘んじていただくほかなかった。学生寮が学部生専用で院生は入れないと言われたこともショックだった。などなど、不満は際限ないのだが、おおむね自分のリサーチ不足に起因することで、いまさら如何ともしがたかった。そうして、生活費を稼ぐバイト（塾講師）に追われ、思っていたようにはガクモンに専念できなくなった。やさぐれ院生の出来上がりである。

とはいえ、ミンゾク学を学べる専攻に来たことで見聞は格段に広がった。毎週の講義やゼミで民俗学、文化人類学を学び（体系的ではなかった気もするが、そんなものだと思っていた）、集中講義には真野俊和先生、佐々木宏幹先生、渡辺公三先生、篠原徹先生といった錚々たる顔ぶれが並び、さらには、山口昌男が研究室を訪問したこともあった。それまで著作でお名前を存じ上げるのみの方々を実見できたのは、大学を変えたからこそだと思われた。

自分にとって大きかったのは、非常勤講師を務めていた国立民族学博物館の吉田憲司先生のお誘いで、民博で一年間バイトをしたことだ。書類作成やら校正やらといったお仕事で、仕事をこなすよりも増やすことのほうが多かったような雑な働きぶりだったが（申し訳ない→吉田先生）、先生の講義やお仕事から、いわゆる「ライティング・カルチャー・ショック」以降の人類学の動向に接したことは、結果的に、博論の問題意識へとつながった。

民俗学に話を絞ると、いわゆる「橋本（裕之）・大月（隆寛）グループ」による民俗学批判／批判的民俗学は、著作を通してではあるが（これも「社会史」と同様に「東京」の動向に思えた）、私にとって大いなる洗礼だった。パフォーマンスの生起するミクロな文脈を注視しつつ、個々のフィールドを通底する近代／資本主義というマクロな文脈への視座を併せ持った彼等のアプローチは、その後、現在に至るまで私の思考を決定している。それは、ポストモダンがきらびやかに隆盛した一九八〇年代風の文化記号論とは一線を画する、ポリティカル・エコノミーへの視角を研ぎ澄ました九〇年代のポスト・コロニアル、カルチュラル・スタディーズとも共鳴するものだった。さらにいえば、能天気だった八〇年代のバブルがはじけ飛び、「失われた二〇年」へと下降する九〇年代日本社会ともパラレルだったことも後々気づかされた。

フィールドワークも自覚的に取り組むこととなる。まず、実習（必修）を兼ねて研究室で実施していた石川県門前町七浦地区の共同調査に参加、これがなければ博論で能登を扱うことはなかった。また、阪大のキャンパスが所在する豊中市の市史編纂事業の一環として豊中市岡町の調査にも参加した。これにより、原田神社門前の老舗うどん屋「土手嘉」の御主人から聞き書きして生活史（菊地 二〇〇〇）をまとめたことは、ムラを「主語」にして民俗誌を書くことへの違和を感じていた私にとって、民俗誌記述の一つの啓示となった。このほか、一九九六年には交換留学生としてキャンベラにあるオーストラリア国立大学に一年間学ぶこととなったが、異文化体験としては良かったものの、まともなフィールドワークにはつなげられなかった。ともあれ、フィールドに真面目に取り組まねばと思うようになった一方、共同調査をめぐるトラブルも生じ、また、生計維持のためにバイトを休むこともできず、やさぐれた日々を送った。

このやさぐれ院生時代の総決算が博論『〈あえのこと〉のこと――近代日本民俗誌システムの探求』（一九九八年一二月提出）である。メジャーな民俗行事と思われた奥能登のアエノコトが、戦後の昭和二〇年代に集中的に調査研究され、「民間の新嘗祭」という行事イメージが付与されたものであることに気づいた私は、そのプロセス、そこに介在する文化財保護、メディア報道、観光化といった諸契機の連鎖を、いわば「全部盛り」で描くことで、近代／資本主義システムにおける民俗／学のあり方を批判的に再検討できるのではないかと思うに至り、月百枚ペースで六百枚の博論を書き上げた。あれだけ書き続けたのは、後にも先にもない。あのまま書き続けたら立派な学者になれたのではないかと夢想する。

博論は『柳田国男と民俗学の近代――奥能登のアエノコトの二十世紀』（二〇〇一）として刊行された。それは、伝承の現場に不可避的に介入する「近代」から目をそらし、柳田説を無批判に再生産する民俗学の本質主義的なあり方を、あの手この手で白日の下に晒す試みだった。その批判の先にこそ、来るべき民俗学があるはずだというのが著者の意図であり、終章で次のように述べた。

本書の作業の涯に、私は何を垣間見ようとしているのか。民俗誌に埋め込まれた詩学と政治学の問題を本書は再三にわたって指摘してきた。しかしだからといって、その帰結は民俗誌無用論ではあり得ない。理由は至って明解だ。表象がどれほど詩学に満ちた虚構であったとしても、あるいは政治に満ちた抑圧的契機であったとしても、幸か不幸か、そのことを理由に人が表象を断念したことはかつてなかったし、これからもないだろうという、至極単純な事実がそれである（菊地 二〇〇一：二六七）。

ただ、より良き民俗学を目指すための不可避のステップだったとはいえ、既存の民俗学にケンカを売ったことは事実であり、「民俗学批判の書」として受け止められることも致し方なかった。じっさい、『日本民俗学』の書評に取り上げられることもなかったし、二〇〇一年を対象とする日本民俗学会奨励賞は「該当なし」だった。ある意味、ケンカを買っていただけたわけで、拙著のメッセージは無事届いたし、あながち間違ってもいなかったのだと思うことにした。

三　道産子フィールドワーカー、生活史の可能性に気づく

　ところで、私がライフヒストリーというアプローチに興味を抱いたのは、学部生時代にまでさかのぼる。三回生で履修した米山俊直先生の「社会学演習」で、ラングネス＆フランク『ライフヒストリー研究入門――伝記への人類学的アプローチ』（一九九三）の原書を講読したことから、ライフヒストリーに開眼した。(11)

　フィールドワークに自覚的に取り組むようになったのは、先述のとおり、大学院から。研究室の調査実習で訪れた能登半島の門前町七浦地区と、大学所在地である豊中市の市史調査が最初のフィールドとなった。

　ここで、道産子の「民俗」を認識させられる出来事があった。能登での最初の調査実習を経験した一九九二年の秋、国鉄職員だった父が他界した。実家に戻ると、普段は顔を合わせることもないような遠戚が葬儀の相談をしており、その際、「〇〇は菊地のマキだから……」と語っていた。マキという親族語彙を能登で知ったばかりだったので、「ウチでも使うのか」と驚いた。モダンな北海道のなかのプレモダン。道産子にも民俗は無縁ではないのだと、遅まきながら気づかされた。

　同時に、「淫祠邪教」の世界と思われた「内地」が単純なプレモダンではないことにも、徐々に

気づかされていった。たとえば、能登で死穢のタブーについて調査した際のこと。「近親者が他界すると一年間は祭りに参加できない」というタブーを説明する際、地元の老年男性がこんなことを語った。「参加しても何ともないのだけれど、もし何かあったとき、その〔死穢の〕せいにされるからね」。驚いた。死穢が祭りの支障となることを素朴に信じているのではなく、問題が生じた際に事後的に死穢へと遡及される可能性を認識し、そのトラブルを回避するためにタブーが守られているというのだ。研究者がタブーの機能を説明するまでもなく、地元の生活者自身がメタレベルの機能主義的な説明を自ら与えている。野の機能主義者。プレモダンと思われたものが一枚岩ではなく、さまざまなモダンの浸潤を経ている可能性に思い至った。

豊中市史の調査でも、同様にメタな観察力をもつ話者と出会った。同市内の原田神社門前で老舗うどん屋を営む畑嘉道さんは、キツネやタヌキが化かすという話の内実を以下のように説明した。

当時は国道一七六号線を東にこえると建物はほとんどなく、上新田へ通じる道のまわりは水田がえんえんと続き、見える建物は火葬場とヒビョウイン〔避病院、隔離病棟のこと〕くらい、おまけに土葬の墓地があちこちにあって、気象条件によっては死体に含まれるリンの成分が闇夜の中に青白く燃え上がる、というくらい「なにせさびしい所」で、「皆、気持ち悪う言うて」いた。「亡霊が出たり、キツネやタヌキが出たり」で、ばかされる人もいたという。もっとも、嘉道さん自身は「実際、ばかされた人もおらんやろけどね」という。理由はこうだ。上新田へ向かう道のそばには肥つぼがたくさんあった。集めてきた肥を運び入れるのには道のそばにあったほうが便利だからだ。大便は軽いので肥つぼの中で自然と上へ浮き上がってくる。それが乾燥してその上に草が生えたりすると、地面とほとんど区別ができなくなる。暗い夜道になると特にそうだ。そんなところへ、酒でも飲んで足もとのおぼつかない人がふらふら歩いていったりすると、足を踏み外して肥つぼに落ちることになる。「そしたらキツネにだまされおった、はまりおったとかね、言われるわけですわ」(菊地 二〇〇〇：二〇六)。

キツネやタヌキの化かし話が事後に遡及的に生成されるものとの認識が示されている。こちらも、研究者がわざわざ解説するまでもなく、地元の生活者によってメタな分析がなされているわけで、プレモダンと思われた「話者／伝承者」の「近代性(modernity)」あるいは「再帰性(reflexivity)」という問題を無視するわけにはいかなくなったのだ。

モダンとプレモダンは交錯して存在する。「伝承性」「常民性」「ヴァナキュラー」といった概念で民俗学の守備範囲を確定しようとする試みは、理論的には可能だし、また、方向性としても大きな間違いではない気がするが、にもかかわらず、「伝承(のようなもの)」と「それ以外」とを調査の現場において判別する作業は、現実的には非常な困難を避けられない。ならば、実際的な作業としては、さしあたり「大きな網」を用意することが肝要なのではなかろうか。生活者の身体に刻み込まれ、暮らしの中で実践される言い伝えやしきたりの総体――繰り返すが、それはモダンとプレモダンの交錯として存在する――を、ざっくりと包含し得る「大きな網」が。

以上のような問題意識から私が到達したのが、「資料としての私（たち）」という「民俗資料」概念の理解であり、生活史というアプローチだった。

四　脱「囲い込み」としての生活史

話を博論に戻すと、博論を出していよいよプー太郎かと思っていたところ、たまたま助手の公募に採用され、一九九九年四月より京都大学人文科学研究所に勤めることとなった。その後、二〇〇七年に職名が助教に変わっただけで、現在までクビにもならず勤め続けている。そして、教壇に立つ機会を得て、民俗学講師として試行錯誤した結果が、受講生に祖父母の生活史を書かせるという試み、そして『ライフヒストリーレポート選』の刊行につながったのだ（第二講参照）。

ここで、近年の民俗学における生活史論の展開を踏まえ、改めて生活史アプローチの可能性を考えてみよう。

二〇二〇年、岩本通弥編『方法としての〈語り〉――民俗学をこえて』が刊行される。二〇一〇年に来日したドイツの民俗学者アルブレヒト・レーマンを迎えての一連のシンポジウムに関連する論考をまとめたものだ。生活史のアーカイブに基づいてドイツ人と森の関係を丹念に解きほぐしてきたレーマンの仕事が紹介され、生活史の意義が改めて問い直されている。

同書の詳細については重信幸彦による書評（二〇二一）に譲るとして、一点、足立重和の問題提起に留意したい。会話分析に造詣の深い足立は、ライフヒストリーを「日常の語り」として分析するレーマンに対して、「しかし素朴に考えて、ふつうの人々にとって、自らの人生を一人称的に体系立てて語ることがはたして〝日常〟なのだろうか」と疑問を呈している（足立 二〇二〇：二五五）。この疑義に私は同意する。受講生に祖父母の生活史を聞き書きさせるという私自身の実践が、話者にとっても聞き手にとって非日常にほかならないからだ。

『ライフヒストリーレポート選』の場合、結果として幸福な対話となったケースが少なくないものの、語る動機のなかった話者が、聞く動機のなかった聞き手に語ったものであり、さらには、その記述は編者による編集作業を経て刊行されたものである。話者の語りの再現度は聞き手＝書き手に依存しており、基本的には聞き手の文章だ。『ライフヒストリーレポート選』が非常に特異なテクストであることに異論はない。

とはいえ、極論すれば、あらゆるテクストは「それが書かれたこと」のみを示している。それがどのような表現意図に基づいており、その背後にどのような事実関係があったかという問題は、読み手の側がテクストの内的構造と外的状況を照らし合わせることによって読解するほかないわけで、この点において、生活史レポートが、他の調査報告を含む文章一般と本質的な違いがあるとも思われない。であればこそ、読者の能動的な読解が不可欠であり、その比較を支えるアーカイブが必要にもなるわけだ。

加えて、語りを文字化することの困難と可能性を考えるにあたっては、口承文芸研究の先達による研究蓄積の再検討が必須であり、この点で岩本論集に収録された山田論文（二〇二〇）は貴重である。[12]「「世間話」を「口承文芸」というジャンルに囲い込むのではなく、フィールドの「経験」の総体の中に位置づけ」るという方向性に（山田 二〇二〇：一一三）、いわゆる「世間話」研究を専門としない私もまた賛同する。そして繰り返すが、生活史は、そのような脱「囲い込み」の一助となるだろう。

以上のような私の考えをまとめたのが、以下の一節である。

そもそも、今さら言うまでもないことかもしれないが、ライフヒストリーとは、本質的には話者と聞き手＝書き手の対話の記録であり、どこまでも両者が出会う「現在」に拘束されたものである。それゆえ、そこに語られる内容の史実性を問われれば、疑問なしとは言いがたいこともしばしばだ。とはいえ、それが既存の記録に記されることのなかった「もうひとつの歴史」

への糸口であり、その扱い方如何によって、新たな沃野が開けることもまた事実だ。問われているのは、つねに、読者の認識力と構想力である。本書がかけがえのない「出会いの記録」であると同時に、「もうひとつの歴史」を切り拓く豊かな「素材集」となることを切に願って止まない（菊地編 二〇一四：三）。

おわりに――「道産子に民俗学は無理」では無理

最後に、改めて「道産子に民俗学は無理」問題に触れておこう。（私以外の）北海道出身の民俗学徒が活躍し、関連研究団体が組織されている状況を踏まえれば、現実的には既に否定されている。にもかかわらず改めて取り上げるのは、理論的にも克服したほうが良いと考えるからだ。

「北海道に民俗はないので民俗学は無理」という発言の根底にあるのは、「民俗がある／ない」を単純に峻別できるとする本質主義的な「民俗」観、そしてその必然的展開である本質主義的な「伝承者」観にほかならない。そのような文化本質主義が、グローバル化が際限なく進行し、ハイブリッドな主体によって多様な生活が実践される二一世紀に妥当するとは思われない。

なんとなれば、そのような単純な「民俗」観は、純粋な「民俗」を求めて「近代」や「外部」を際限なく排除していくことにならざるをえない。その帰結は「民俗」の無限の縮小＝後退戦であり、やがて民俗学は人々のリアリティから切り離され、文学なり歴史学なりといった隣接分野に回収されることを免れないだろう。そのような「有終の美」を是とする立場もあり得るだろうが、良策とは思われない。

それよりも、人々の生活にモダンとプレモダンの複雑な交錯があることを直視することのほうが、よほど生産的ではないだろうか。出発点では「民俗がある／ない」といった単純な峻別を放棄して、暮らしの営みを「大きな網」で捉えていく。人々が生活のなかで獲得し、実践する知識と行為の全てを「民俗」として措定しておくことのほうが、日常性へのよりアクチュアルなアプローチとなり得るだろう。そのような方法的スタンスを示すテーゼが「資料としての私（たち）」なのだ。

「道産子に民俗学は無理」という命題は、実践的のみならず方法的にも克服されなければならない。民俗学が二一世紀を生きる人々と共にあるためには、「道産子に民俗学は無理」では無理なのだ。

付　記

本章は、菊地（二〇二三b）と菊地（二〇二二b）を再編・加筆修正したものである。

注

（1）拙著執筆の経緯については、菊地（二〇二二b）参照。

（2）野口他編（一九七四）、大月（一九九二）など参照。

(3)宮田(一九七八)、福田(一九八四)など参照。
(4)島村(二〇二〇)、加藤(二〇二一)など参照。
(5)筆者は一九九二年、大阪大学を訪れた山口がこの言葉を語るのを聞いたことがある。他にも(山口 二〇〇一：五四〇)などに記されている。なお、道産子民俗学者の先達・高木史人氏は、国立歴史民俗博物館の助手採用面接の際、外部理事だった山口本人から道産子に民俗学はできない旨を告げられ、不採用となったとのことである(高木氏談)。
(6)ディシプリン、アンチ・ディシプリン、プロト・ディシプリンを包括した知的営為の総体を本章では「ガクモン」と表記する。
(7)学部、大学院時代に制度的に学んだ先達を、本章では「先生」とお呼びすることとする。
(8)本章では、民俗学と民族学＝文化人類学をあわせて「ミンゾク学」と表記する。
(9)後に菊地(一九九三)として刊行。
(10)京大国史と民俗学の関係を調べるようになったのは、二〇〇五年七月三〇日に京都大学人文科学研究所で開催した「柳田国男生誕一三〇年記念シンポジウム――京都で読む柳田国男」以来である。菊地(二〇〇五)参照。
(11)その後、個人を社会的な一つの「フィールド」として扱うことの可能性を論じる佐藤健二「ライフヒストリー研究の位相」(一九九五)を大学院時代に読んで感銘を受け、奥能登のアエノコトを対象とした博士論文拙著でも、伝承者のライフヒストリーに関心を払った(アエノコトが個人によって営まれる行事であるが故に、伝承者の生活史が行事に反映されやすいためでもあるが)〔菊地(二〇〇一)〕。
(12)また、ライフヒストリーの展開にあたっては、民話運動、国民的歴史学運動などの戦後文化運動との関係性が重要な論点かと思われる〔菊地(二〇一五)〕。重信(二〇一四)、高木(二〇二〇)、野村(二〇二一a)、野村(二〇二一b)、矢野(二〇二三)なども参照。

おわりに

「おわりに」じみたことは本文で十分に書いてしまったような気もするが、「おわりに」を書くのは嫌いではないので、これ幸いと駄言を綴らせていただこう。

本書の処々で述べたように、筆者は担当講義で「おじいさん／おばあさんの生活史」という聞き書き課題を実施し、その優秀作品を『ライフヒストリーレポート選』としてまとめている。『レポート選』を手にした同学諸氏には好評を博しており、また、受講生諸氏からも新たな発見があったとの感想をいただいているので、採点と編集が大変ということを除くと、たいへん豊かな成果であると手前勝手に思っている。問題があるとすれば、少部数の非売品ゆえ、実際に手に取る読者が限られること。いつかベスト版を市販したいと、漠然と考えていた。

その機会は突然に訪れた。実生社の越道社長から「本を作りましょう」というありがたいお誘いをいただき、職場すぐそばの進々堂でお話したのが二月初旬。女性民俗学者・江馬三枝子のアンソロジー企画を相談するのだと思っていたら、学生を巻き込んだ本を作りたいとのご希望で、刷り上がったばかりの『レポート選二〇二三』をお渡ししたところ、ゴーサインを頂戴した。その後、自分としては未体験なハイペースで作業が進み、半年後の今、こうして「おわりに」を書いている。なんだか狐につままれたような気分だ。

さて、「ベスト版」をめざして作り始めた本書だが、できあがってみると、「ベスト版」とはちょっと違った気がしている。累計五千あまり、『レポート選』掲載作だけでも三百近い生活史作品の中から、わずか十数作を選ぶことがそもそも無理ゲーなのだが、その上、卒業後何年も経った執筆者とは連絡がつかず、掲載許可を得られなかった作品も少なくない。なので、これは「ベスト版」というよりも「サンプル・ブック」といったほうが実態に近い。それで良かったと思っている。力作ぞろいなのは言うまでもない。本書を支えてくれた学生諸氏とその話者ならびに同学諸氏に、あらためて感謝したい。

結局、何を思って本書を世に送り出すのかと言えば、「生活史」への関心がさらに高まればと思っている。本文でも述べたが、裾野が広がれば、頂点が高まり、質量ともに充実していく。なので、生活史を読みたい、書きたい、書かせたい、書いたもの／書かせたものを世に送り出したい、そんな欲求が世に広がることを期待している。本書第一講「生活史レポートの書かせ方」程度のシンプルなガイダンスで、これだけ興味深い作品が現れるのだから、みんな、もっと、書いたり書かせたりすれば良いのだ。

もとより、生活史にできることは限られている。それは、どこまで行っても、個別バラバラな、一人一人の人生の断片だ。にもかかわらず、その断片が、私たちが対峙する世界の解像度を確実に高めてくれる。私たちが理解しているつもりになって、本当は理解できていないことが途方もなく膨大であることを、ハッキリと教えてくれる。そしてそれは、めぐりめぐって、この世界に必要なはずの多様性への寛容や忍耐といったものを、少しずつ育んでくれるはずなのだ。夢だろうか。そうかもしれない。それでも、夢見ずにはいられない。

菊地　暁

文献一覧

足立重和　二〇二〇「コラム　意識分析は日常の語りを捉えることができるのか」岩本編（二〇二〇）所収
井口時男編　二〇〇五『柳田國男文芸論集』講談社文芸文庫
石井正己　二〇〇五『遠野物語の誕生』ちくま学芸文庫
井出幸男　二〇一六『宮本常一と土佐源氏の真実』新泉社
伊藤幹治編　一九九八『共同研究　柳田国男とヨーロッパの民族学・民俗学』成城大学民俗学研究所（民俗学研究所紀要二二別冊）
岩本通弥編　二〇二〇『方法としての〈語り〉——民俗学をこえて』ミネルヴァ書房
梅棹忠夫　一九六九『知的生産の技術』岩波新書
大塚英志　二〇〇七『怪談前後　柳田民俗学と自然主義』角川選書
大月隆寛　一九九二『民俗学という不幸』青弓社
岡谷公二　一九九六『殺された詩人　柳田国男の恋と学問』新潮社
小澤俊夫　一九八〇「解説」ハインリヒ・ハイネ『流刑の神々・精霊物語』岩波文庫
加藤幸治　二〇二一『民俗学　ヴァナキュラー編——人と出会い、問いを立てる』武蔵野美術大学出版局
川添登・高取正男・米山俊直編　一九七六『生活学ことはじめ——日本文化の原像』講談社
菊地暁　一九九三「〈大路渡〉とその周辺——生首をめぐる儀礼と信仰」『待兼山論叢　日本学篇』二七
菊地暁　二〇〇〇「うどんとモダン——豊中市岡町における都市民俗誌のこころみ」『人文学報』八三　京都大学人文科学研究所
菊地暁　二〇〇一『柳田国男と民俗学の近代——奥能登のアエノコトの二十世紀』吉川弘文館

菊地暁　二〇〇五「主な登場人物――京都で柳田国男と民俗学を考えてみる」『柳田国男研究論集』四　岩田書院
菊地暁　二〇一五「ライフヒストリー・レポートの無謀と野望――柳田民俗学を「追体験」する」森本淳生編『〈生表象〉の近代――自伝・フィクション・学知』水声社
菊地暁　二〇二二a『民俗学入門』岩波新書
菊地暁　二〇二二b「やさぐれて民俗学を批判していた私が『民俗学入門』を書くまで」『京都民俗』四〇　京都民俗学会
菊地暁　二〇二三a「人生のかけらを集める」『図書』八八九　岩波書店
菊地暁　二〇二三b「道産子が民俗学を学んで『ライフヒストリーレポート選』を編むまで」『口承文芸研究』四六　日本口承文芸学会
菊地暁　二〇二三c「ライフヒストリーレポートの書かせ方――とある民俗学講師の試み」『現代思想』二〇二三年九月号（五一巻一一号）
菊地暁編　二〇一四～現在『ライフヒストリーレポート選』京都大学民俗学研究会
菊地暁・中元洸太・木谷百花・佐藤遼太郎・齊藤ゆずか・中野花菜　二〇二四「『ライフヒストリーレポート選』のこれまでとこれから――創刊一一周年記念座談会」『人文学報』一二二　京都大学人文科学研究所
木谷百花編　二〇二三『旅するモヤモヤ相談室』世界思想社
桑原武夫　一九七六「解説」柳田国男『遠野物語・山の人生』岩波文庫
小林多寿子編　二〇一〇『ライフストーリー・ガイドブック――ひとがひとに会うために』嵯峨野書院
佐藤健二　一九九五「ライフヒストリー研究の位相」中野卓・桜井厚編『ライフヒストリーの社会学』弘文堂
重信幸彦　二〇〇九「運動の時代と「聞き書き」という実践――一九五〇年代日本における民衆運動と民俗学」『日本學』二九　東國大學校日本學研究所

重信幸彦　二〇一四「民話の時代と〈口承〉――一九五〇年代の民話運動と民俗学」『口承文芸研究』三七
重信幸彦　二〇二一「書評　岩本通弥編『方法としての〈語り〉――民俗学をこえて』ミネルヴァ書房」『口承文芸研究』四四
島村恭則　二〇二〇『みんなの民俗学――ヴァナキュラーってなんだ？』平凡社新書
関敬吾　一九八一「柳田民俗学をいかに学ぶか」『関敬吾著作集　八　民俗学の方法』同朋舎
高木史人　二〇二〇「評言から見えるもの――小中「総合的な学習の時間」から「生涯学習」へ」菊地暁・佐藤守弘編『学校で地域を紡ぐ――『北白川こども風土記』から』小さ子社
高木昌史編　二〇〇六『柳田國男とヨーロッパ　口承文芸の東西』三交社
西谷能雄　一九八一「雑誌『民話』創刊以後」宮本常一追悼文集編集委員会編『宮本常一　同時代の証言』日本観光文化研究所
日本民話の会編・発行　二〇〇三『「聴く　語る　創る」別冊　特集　吉沢和夫』
野口武徳他編　一九七四『現代日本民俗学』Ⅰ・Ⅱ　三一書房
野村純一他編　一九九八『柳田國男事典』勉誠出版
野村典彦　二〇二一ａ「一九五〇年代の民話から「現代民話考」へ――瀬川拓男と松谷みよ子の「民話」」『國學院大學栃木短期大学　日本文化研究』五
野村典彦　二〇二一ｂ「「民話＝昔話」観の消滅――民衆の文学と「民話」」『國學院大學栃木短期大学　日本文化研究』六
比嘉春潮　一九六九『沖縄の歳月――自伝的回想から』中公新書
福田アジオ　一九八四『日本民俗学方法序説――柳田国男と民俗学』弘文堂
益田勝実　二〇〇六ａ（初出一九八一）「宮本常一論の瀬ぶみ」『益田勝実の仕事１　説話文学と絵巻』ちくま学

芸文庫
益田勝実　二〇〇六b（初出一九六五）「「清光館哀史」――鑑賞の要点・教材の問題点」『益田勝実の仕事5　国語教育論集成』ちくま学芸文庫
松本昌次　二〇一一「雑誌『民話』のことなど――宮本常一を読み継ぐために」『現代思想』二〇一一年一一月臨時増刊号（三九巻一五号）
宮田登　一九七八『日本の民俗学』講談社学術文庫
宮本常一　一九三七『河内国滝畑左近熊太翁旧事談』（アチックミューゼアム彙報 二三）アチックミューゼアム
宮本常一　一九六〇『忘れられた日本人』未來社＝一九八四　岩波文庫
宮本常一　一九八二（初出一九三七）『宮本常一著作集　別巻1　とろし　大阪府泉北郡取石村生活誌』未來社
宮本常一　一九八三（初出一九六〇）『忘れられた日本人』岩波文庫
宮本常一　一九九三（初出一九七八）『民俗学の旅』講談社学術文庫
宮本常一・安渓遊地　二〇〇八『調査されるという迷惑――フィールドに出る前に読んでおく本』みずのわ出版
安田峰俊　二〇二二『みんなのユニバーサル文章術――今すぐ役に立つ「最強」の日本語ライティングの世界』星海社新書
柳田國男　一九三四『民間伝承論』共立社
柳田國男　一九五九『故郷七十年』のじぎく文庫
柳田國男　一九九七〜刊行中『柳田國男全集』筑摩書房
柳田国男・石母田正・中村哲　一九五三「鼎談　柳田国男先生を囲んで　ほんとうの歴史」『法政』二巻八号
柳田国男研究会編　一九八八『柳田国男伝』三一書房
矢野敬一　二〇二三「松谷みよ子『現代民話考Ⅱ　軍隊』と山本七平の「軍隊語」論――資料としての私（たち）」

『口承文芸研究』四六
山口昌男　二〇〇一　『内田魯庵山脈――〈失われた日本人〉発掘』晶文社
山田厳子　二〇二〇　「カタリとハナシ――世間話研究の展開」岩本編（二〇二〇）所収
吉沢和夫　一九八一　「『忘れられた日本人』のころ」宮本常一追悼文集編集委員会編『宮本常一　同時代の証言』
日本観光文化研究所
ラングネス、ルイス・L　フランク、ゲルヤ　一九九三（原著　一九八一）（米山俊直、小林多寿子訳）『ライフヒストリー研究入門――伝記への人類学的アプローチ』ミネルヴァ書房

編著者紹介

菊地《きくち》 暁《あきら》

京都大学人文科学研究所助教。

1969年北海道生まれ。京都大学文学部卒業、大阪大学大学院文学研究科博士課程修了、博士（文学）、身長186cm。

著書『柳田国男と民俗学の近代――奥能登のアエノコトの二十世紀』（吉川弘文館）、『身体論のすすめ』（編著、丸善）、『今和次郎「日本の民家」再訪』（共著、平凡社）、『日本宗教史のキーワード――近代主義を超えて』（共編著、慶應義塾大学出版会）、『学校で地域を紡ぐ――『北白川こども風土記』から』（共編著、小さ子社）、『民俗学入門』（岩波新書）。

書いてみた生活史 学生とつくる民俗学

2024年10月25日　初版第1刷発行
2025年 1月10日　初版第2刷発行

編著者　菊地 暁

発行者　越道京子

発行所　株式会社 実生社《みしょうしゃ》　〒603-8406 京都市北区大宮東小野堀町25番地1
TEL（075）285-3756

装　画　まきみち

装　幀　上野かおる

印刷製本　創栄図書印刷株式会社

ISBN 978-4-910686-13-4

実生社の本

クィアの民俗学 LGBTの日常をみつめる

辻本 侑生、島村 恭則 編著
辻 晶子、三上 真央、大田 由紀、廣田 龍平 著

本体2200円（税込）四六判 162頁 並製／978-4-910686-10-3

性的マイノリティたちが、自分たちを指し示す言葉として用いてきた「クィア」。民俗学の視点でＬＧＢＴと呼ばれる人びとの日常的な営みを捉える七つの論考集。